近代神学の誕生

Friedrich Schleiermacher

シュライアマハー『宗教について』を読む

深井智朗
Tomoaki Fukai

佐藤 優
Masaru Sato

春秋社

まえがき

深井智朗先生（東洋英和女学院院長）は、私がもっとも尊敬するプロテスタント神学者の一人である。

プロテスタント神学には、聖書神学、歴史神学、組織神学、実践神学の四分野がある。深井先生も私も、組織神学を専攻した。二人とも日本基督教団（日本におけるプロテスタントの最大教派）の会員である。ただし、背景事情はかなり異なる。

まず、出身の神学校の雰囲気がかなり異なる。深井先生は、東京神学大学と同大学院で学んだ。この大学は、将来牧師になることを志望する学生を中心に構成されている。それに対して、私は同志社大学神学部と同大学院で学んだ。同志社の場合、入学の条件に洗礼や牧師からの推薦状は義務づけられていない。総合大学の一学部として、入学試験に合格すれば誰でも入学することができる。だから、キリスト教徒の学生は一割にも満たない。また、キリスト教だけでなく、ユダヤ教やイスラム教を専攻することもできる。本書においても言及しているが、一九六〇年代末の学園紛争以降、東神大と同志社大神学部の交流は途絶えてしまった。深井先生は、東神大を代表する立場ではなく、私も同志社大神学部ではあくまでも客員教授として手伝いをしているに過ぎないので、学部の立場を代表しているわけではない。しかし、日本のプロテスタント神学で主導的役割を果たしているこの二つの神学校出身者が虚心坦懐に議論をすることには、大きな意味がある。本書をきっかけに東神大と同志社の神学生が知的・信仰的交流を深めて欲しいと私は願っている。

深井先生は、大学院修了後、ドイツに留学し、アウクスブルク大学で哲学博士号を受領し、さらに日本では京都大学から博士（文学）学位を取得している。さらにアカデミズムにおいて高く評価された業績を数多く残している。私は、大学院修了後、外務省に入り、対ロシア外交と特殊情報（インテリジェンス）の分野で仕事をした。外交官の仕事をするかたわらでモスクワ国立大学哲学部（一九九二～一九九五年）では弁証法神学、東京大学教養学部後期課程（一九九六～二〇〇二年）では民族・エスニシティ理論について講義した。神学研究も細々と継続していたが、翻訳書を除き、本格的な研究書を執筆する余裕はなかった。北方領土問題絡みの鈴木宗男事件に連座し、私は二〇〇二年、東京地方検察庁特別捜査部に逮捕され、東京拘置所の独房に五一二日間勾留された。最高裁判所で有罪が確定する二〇〇九年まで外務公務員としての身分は有していたが、逮捕後は外交の現場から離れることになった。そのときから私の後半の人生が始まった。さまざまな偶然が重なって、私は職業作家になった。それとともに神学研究を再開した。

二〇一六年から母校の同志社大学神学部で、後輩の教育に従事するようになった頃、春秋社の小林公二氏から深井先生との対談の誘いがあった。これも神の導きによるものと考え、深井先生と打ち合わせをした。自由討論ではなく、テキストに基づいた対談を行うことの方が知的に生産的な活動になるという点で意見が一致した。そして、最初に選んだテキストが本書シュライアマハー『宗教について』である。日本では、カール・バルトによってシュライアマハーは超克されたという見方が、根強くあるが、そのような分節化が適切でないという点で、深井先生と私の意見は一致した。対話を重ねるうちに、近代なるものをどのように捉え、その限界がどこにあるかを見極め、さらにその限界を超克するためには、外部からの力が必要であるという共通認識が、シュライアマハーとバルトの間にあることが見えてきた。

深井先生と私は、得意分野が異なる。深井先生は牧師の資格を持っているが、私は持っていない平信徒である。教会の実情については、深井先生の方がはるかに詳しい。他方、私は外交や国内政治については、その内在的論理が分かる。ドイツやスイス、オランダの組織神学に深井先生は通暁している。カトリック神学の造詣も深い。それに対して私は、日本では空白になっている東ドイツの神学やチェコの神学については、若干の知識を持っている。また、ロシアの正教神学や宗教哲学も比較的得意な分野だ。インテリジェンスの世界にコリント（コレクティブ・インテリジェンス、協力諜報）という術語がある。各国のインテリジェンス機関が、互いに得意な分野の情報を持ち寄って、議論することを通じて、情報力や分析力を飛躍的に高めるという技法だ。本書で深井先生と私が行ったのは、神学分野におけるコリントと見ることもできるであろう。

二一世紀になってからそろそろ二〇年が経とうとしている。日本においても国際社会においても危機が深刻になっている。過去二〇〇〇年の歴史において、さまざまな危機を切り抜けてきたキリスト教の歴史から、われわれが学ぶべきことは多い。神学の特徴は、同じ事柄を別の言葉で表現するところにある。

わたしたちは、今は、鏡におぼろに映ったものを見ている。だがそのときには、顔と顔を合わせて見ることになる。わたしは、今は一部しか知らなくとも、そのときには、はっきり知られているようにはっきり知ることになる。それゆえ、信仰と、希望と、愛、この三つは、いつまでも残る。その中で最も大いなるものは、愛である。（コリントの信徒への手紙一13・12－13）

ここでパウロが伝えているイエス・キリストによる愛のリアリティを、本書で深井氏と私は別の言葉で表現することを試みたのである。

本書を上梓するにあたっては、春秋社の小林公二氏にたいへんにお世話になりました。ありがとうございます。

二〇一八年一二月八日

佐藤　優

近代神学の誕生
シュライアマハー『宗教について』を読む

目次

第4章 宗教における社交、あるいは教会と聖職者について
『宗教について』第四講話

第5章 諸宗教について
『宗教について』第五講話

近代神学の誕生——シュライアマハー『宗教について』を読む

序章

シュライアマハーという神学者

思い出のシュライアマハー

深井――これから近代神学の父と呼ばれるシュライアマハー【1】の『宗教について』(Über die Religion) を読み進めていきますが、その前に少しだけまわり道をしてみたいと思います。

いま私たちがいる国際文化会館は神学の歴史とも少し関係があります。第二次世界大戦後には、日米知的交流委員会【2】というのがあって、日本とアメリカの知的・文化的交流を促進するため知識人の交流プログラムといった事業を行っていました。主催したのは、親日家として有名なアメリカのジョン・D・ロックフェラー三世【3】と、国際文化会館の創設者のひとり松本重治【4】。国際文化会館はもともと知的交流の場として誕生したのです。

初期の知的交流計画のゲストとしてアメリカから選ばれたひとりは、神学者のラインホールド・ニーバー【5】。しかし、脳梗塞後の海外での仕事に不安を感じ、よい返事がもらえず、代わりに神学者のパウル・ティリヒ【6】が来日することになった。

彼は一九六〇年に来日して二か月滞在し、京都大学で集中講義、東大、ICU、

【1】シュライアマハー　フリードリヒ・ダニエル・エルンスト・シュライアマハー。一七六八―一八三四。ドイツのシュレージェン地方の都市ブレスラウで生まれる。父は改革派の牧師で、熱心な敬虔主義者。マクデブルク近くのバルビーの敬虔主義の神学校に学んだのち、ヴュルツブルク大学の神学教授などを経て、一八一一年、ベルリン大学教授、初代の神学部長を務めた。近代神学の父と呼ばれる。著書に『宗教について』『神学通論』『信仰論』『ドイツ的大学論』など多数。

【2】日米知的交流委員会　第二次世界大戦終結後、ロックフェラー三世の立案した日米の知的交流計画の実現のため、コロンビア大学の東アジア研究所と東京に置かれたふたつの委員会のこと。日本側委員長は東京大学教授の高木八尺、常任幹事に松本重治(国際文化会館HPを参照)。

【3】ジョン・D・ロックフェラー三世　一九〇六―一九七八。ロックフェラー家当主であり同財団の理事長。慈善家としても有名。サンフランシスコ平和会議の代表

さらに東北大学で講演を行いましたし、この国際文化会館では、丸山眞男【7】や鶴見俊輔【8】、加藤周一【9】などと討論もした。だからここには、彼が来日したときの資料がいろいろ残っています。そのころの職員がたいへん優秀で、毎日ほぼ三〇分単位でティリヒが何をしたか記録しているのです。

佐藤――ティリヒの場合、残されたら困る話も多かったんじゃないですか（笑）。

深井――そうなんです（笑）。私はその記録をもとにして、日本におけるティリヒの二か月間のドキュメントをドイツで刊行したのですが、ティリヒはここ国際文化会館から、夜な夜なタクシーで飲み屋にくりだすのです。現在であれば近くの六本木に行くのでしょうが、当時は新橋のほうが歓楽街だったらしく、ティリヒはひとりで飲みに行くわけです。

さらにおもしろいことに、裏に「私はパウル・ティリヒです。国際文化会館まで行ってください」と日本語で書いてもらった名刺があるのです。たぶん飲んだあとにタクシーに乗って、しかし日本語がしゃべれませんから、この名刺をドライバーさんに渡して、ここまで連れてきてもらっていた。毎日がそんな生活だった。

でも、そのとき、ティリヒは七四歳ですよ。本当に元気なおじいさんだったの

や日米協会の理事長も務めた。松本重治を親友と呼び、ともに日米の文化交流に尽力。

【4】松本重治　一八九九―一九八九。東京帝国大学卒業後アメリカに留学、帰国後はジャーナリストとして活動。戦後は公職追放に遭うも、アメリカとの文化交流に尽力し、また国際文化会館の設立に関わり、専務理事や理事長としてその運営に献身した。

【5】ラインホールド・ニーバー　一八九二―一九七一。アメリカの新正統主義を代表する改革派の神学者・社会倫理学者。ドイツ系移民の牧師の子として生まれ、イーデン神学校やイエール大学神学校で神学を学ぶ。その後デトロイトのベーテル教会の牧師、ユニオン神学校の教授などを務めた。政治問題へのコメントや社会批判も積極的に行い、大きな影響力を持った。彼の立場はキリスト教現実主義とも呼ばれる。著書に『道徳的人間と非道徳的社会』（邦訳、白水社）、『光の子と闇の子』（邦訳、晶文社）など多数。またニーバーの祈りは有名。

です。国際文化会館というのは、そんな場所なんです。

なぜティリヒの話をしたかというと、ティリヒの教授資格論文[10]はシュライアマハーを含むロマン主義、あるいは超自然主義についての研究だったからです。ティリヒにはあとでまた登場してもらうことになるでしょう。

もうひとつ、シュライアマハーの初期の主著『宗教について』を読むにあたって、ヴァルター・ベンヤミン[11]が編集し、アドルノ[12]が末尾に解説を書いている『ドイツの人びと』[13]という本のエピソードがあります。

これはベンヤミンが（ドイツから）亡命生活をはじめたころ、『フランクフルト新聞』に投稿していた、ドイツの人々の知的交流を解説する書簡集ですが、付録として「シュレーゲル[14]からシュライアマハー」へという手紙が入っています。

シュライアマハーが『宗教について』を書いたころ、彼とフリードリヒ・シュレーゲルは喧嘩して会わなくなっていて、この手紙にはその喧嘩の様子も短く出てくるのですが、それでもおたがいの著作は読んでいた。シュレーゲルは『宗教について』の書評を、『アテーネウム』というシュレーゲルが主宰していた有名な雑誌に書いています。この手紙によれば、第五講はとてもよかった、しかし、あとは気に入らない。君はどうして人の気持ちがわからないのだとシュレーゲル

【6】**パウル・ティリヒ**　一八八六－一九六五。ドイツ出身のルター派の神学者。ベルリン大学、テュービンゲン大学、ハレ大学などで神学と哲学を学び、一九一一年にブレスラウ大学より哲学博士号を、一九一二年にハレ大学より神学教授資格を得る。第一次大戦中は従軍牧師として出征。戦後はマールブルク大学神学教授やフランクフルト大学哲学教授を歴任したが、彼の宗教社会主義の故に職を追われ、R・ニーバーの勧めもあって渡米。一九三三年から一九五五年までユニオン神学校の哲学的神学教授。その後はハーバード大学教授を務めた。著書に『生きる勇気』（邦訳、平凡社ライブラリー）、『組織神学』（邦訳、第一～三巻、新教出版社）など多数。

【7】**丸山眞男**　一九一四－一九九六。政治思想史学者。東京帝国大学法学部卒。一九五〇年から一九七一年までに東京大学教授を務めた。近代日本政治や天皇制を研究。戦後知識人・進歩的文化人の代表と目され、その学問は「丸山政治学」と呼ばれる。著書に『日本政治史研究』（東京大学出版会）、『現代政治の思想と行動』（未來

はシュライアマハーに言っています。キーワードは「無信仰に根ざした信頼」ですが、シュレーゲルはそれがどうしても気に入らない。

佐藤――しかし読みとしては正確ではないでしょうか。「無信仰に根ざした信頼」とは、要するに、啓蒙主義を克服せよという問題提起です。啓蒙主義が発展して無信仰に行きつくとして、そこでどうやって信頼を克ちえることができるのか、それが大きなテーマだと思います。

なぜいまシュライアマハーを読むのか

佐藤――ところで深井先生が東京神学大学に入られたのは何年ですか。

深井――一九八三年です。

佐藤――私は一九七九年に同志社に入りましたが、一九八三年の東神大でシュライアマハーはどういう扱いでしたか？

深井――大木英夫[15]さんが講談社の人類の知的遺産シリーズで『バルト』[16]を書いたりしていたころで、バルトがまだ学生たちに熱心に読まれていたときですから、シュライアマハーを読んでいる学生はほとんどいませんでした。佐藤敏夫[17]先生が

社）など多数。

【8】**鶴見俊輔**　一九二二―二〇一五。哲学者・評論家。旧制中学中退後アメリカに留学、ハーバード大学哲学科に入学し、プラグマティズムの哲学を学ぶ。一九四六年、丸山真男らと『思想の科学』を創刊。プラグマティズムを日本に紹介。ベ平連にも参加。京都大学、東京工業大学、同志社大学に職を得るも、それぞれ政治的信条から辞し、のちは評論家として活動した。著書に『戦時期日本の精神史』（岩波書店、大佛次郎賞）など多数。『鶴見俊輔集』（全一二巻＋補巻五、筑摩書房）がある。

【9】**加藤周一**　一九一九―二〇〇八。評論家。医学博士。東京帝国大学医学部卒業。福永武彦らとマチネ・ポエティクを結成して詩作に励み、その後、文芸批評、小説執筆、一九五一年からのフランス留学を経て、日本文化批評、政治批判と幅広い分野で活躍した。二〇〇〇年にはフランスよりレジオンドヌール勲章。二〇〇八年にカトリックの洗礼を受けた。著書に『日本文化史序説』（上下、筑摩書房、大佛次郎賞・朝日賞）など多

それ以前にシュライアマハーについていくつか論文を書いていましたが、私が学生のころは特に何も書いておられなかった。そのようななかでも、ひとりだけシュライアマハーを読み、授業でも積極的にとりあげていた人がいて、それが加藤常昭【18】先生です。

佐藤――加藤先生は『神学通論』を訳していますからね。

深井――加藤先生は、実践神学を勉強するならシュライアマハーからはじめなくてはならないと言っていました。バルティアンだと思っていたから意外でした。

佐藤――組織神学については、東京神学大学が圧倒的に強い。そもそも日本の神学界は一九七〇年前後の大学紛争でガタガタになり、同志社と東神大もほとんど交流がなくなってしまった。それ以降、おたがいの生態系はまったく別の発展をしています。いまでもほとんど交流はないでしょう？

深井――私は卒業後ほとんど疎遠になってしまったので、そのあたりの事情はあまりわかりません。

佐藤――そんな状況で私は同志社の神学部に入った。そして組織神学の講義を受けたとき、のちに私の指導教授になる緒方純雄【19】先生が、

「今年は少し新しい教科書を使いましょう」

数。『加藤周一著作集』（全二四巻、平凡社）がある。

【10】**教授資格論文** Der Begriff des Übernatürlichen, sein dialektischer Charakter und das Princip der Identität, dargestellt an der supranaturalistischen Theologie vor Schleiermacher のこと。

【11】**ベンヤミン** ヴァルター・ベンヤミン。一八九二―一九四〇。ドイツのユダヤ系の哲学者・批評家・翻訳家。ユダヤ神秘思想や史的唯物論を背景に独自の思想を展開、とりわけ美学やメディア論への貢献が大きい。著書に『パサージュ論』（邦訳、岩波書店）、『複製技術時代の芸術』（邦訳、紀伊國屋書店／晶文社）など。『ヴァルター・ベンヤミン著作集』（全一五巻、晶文社）がある。

【12】**アドルノ** テオドール・ルートヴィヒ・アドルノ。一九〇三―一九六九。ドイツのフランクフルト学派を代表する哲学者・社会学者・作曲家・音楽評論家。権威主義的パーソナリティの研究で知られる。ナチスの勢力拡大によっ

と言った。それがシュライアマハーの『神学通論』でした。

「神学部の図書館には一部しかないから、みんなでコピーをとってください」

と言いながら、ドイツ語の原書のコピーを配って、

「まだみんなドイツ語を習っていないので、何となく雰囲気だけでも知ればいいですよ」

という講義でした。

「神学とはひとつの実証的な学であり……」

からはじまったのです。

そのとき私は緒方先生に訊いた。

「この本の初版は一八一一年の刊行です。一九世紀のはじめの、とんでもなく古いテキストじゃないですか。こんなものが現代神学の役に立つんですか？」

緒方先生はそれに答えて、

「佐藤くん、一七〇年前に読まれている本でしょう。ということは、一七〇年後でもまだ読まれているはずです。だから古いもので勉強しなければいけないんです」

これはたいへん示唆に富む言葉だと思います。われわれは、二〇世紀のプロテ

て一九三四年に亡命、イギリスを経て、一九三八年にアメリカへ渡る。一九四九年に帰国し、フランクフルト大学の社会研究所所長を務めた。著書に『否定的弁証法』（邦訳、作品社）など多数。

【13】『ドイツの人びと』 邦訳、晶文社。ベンヤミンが二五通のドイツ人の手紙を選んで、解説をつけて並べたもの。フランクフルト新聞に連載したものを、一九三六年に出版。

【14】シュレーゲル フリードリヒ・シュレーゲル。一七七二―一八二九。ドイツのロマン主義の思想家・文学者・評論家。ルター派の牧師の子として生まれる。兄は文献学者アウグスト・ヴィルヘルム・シュレーゲルで、共同で雑誌『アテーネウム』を発行。一八〇八年にカトリックに改宗。著作に『ルチンデ』『インド人の英知と言語』などがある。

【15】大木英夫 一九二八―。神学者。東京神学大学卒同大学院修士課程修了。ユニオン神学校でラインホールド・ニーバーに師事、Th・D取得。東京神学大学教授、

スタント神学はカール・バルトからはじまった、現代神学はカール・バルト以降だと思っています。日本ではツァールントの『二〇世紀のプロテスタント神学』[20]あたりの影響が強いから、シュライアマハーはバルトらによって完全に克服されたと考えがちですが、そんな甘い話ではない。近代について知るには、やはりシュライアマハーをスタートにしないといけない。先生はそうおっしゃったのです。

それで私は、緒方先生はバルトをやっていないのかと思って、

「先生、バルトはだめなんですか」

と質問したら、

「僕の研究室に来なさい」

と、部屋に呼ばれましてね。そこでいろいろ見せてもらったのですが、実は、緒方先生が三〇代はじめの若いころに『基督教研究』（同志社大学神学部の紀要）に書いた論文は、ほとんどバルトについてなのです。

緒方先生はニーバーのもとで勉強したいと思ってアメリカのユニオン神学校[21]に行った人ですが、深井先生のさっきの話のとおりニーバーは脳梗塞で学生の指導なんかできない状態になっていました。それでティリヒに師事したものの、修士論文だけ書いて、そそくさと帰ってきた。その後もティリヒについてはほとんど

同学長を務め一九九七年退職。現在、同大学名誉教授。著書に『ピューリタン』（中公新書）、『組織神学序説』（教文館）など多数。翻訳もティリッヒ『生きる勇気』（平凡社ライブラリー）、ブルンナー『我は生ける神を信ず』（新教出版社）など多数。

【16】バルト　カール・バルト。一八八六―一九六八。スイス出身。教皇ヨハネ二三世のいわく、二〇世紀最大のプロタステント神学者（改革派）。その神学は、弁証法神学、危機の神学、神の言葉の神学などと呼ばれる。バーゼルで牧師の子として生まれ、ベルリン大学などドイツの大学で教会史・聖書学・教義学を学ぶ。ザーフィンヴィルの牧師時代の一九一九年に『ローマ書講解』の第一版を発表、一九二二年に第二版を出版、センセーションを巻き起こした。その後、ゲッティンゲン大学、ボン大学で教鞭を執るが、ヒトラーへの忠誠を拒否して退職処分を受け、スイスのバーゼル大学へ異動、戦後も同大学で教壇に立ちつづけた。著書は『ローマ書講解』（邦訳、上下、平凡社ライブラリー）のほか、『知解を求める信仰』（邦訳、

口を閉ざしていました。私には「ティリヒは女性問題もたいへんだった。気持ちが悪かった」とだけ言っていました。

緒方先生はこうも言っていました。

「バルトが、神学というのは最も美しい学問だ、と言っているけれど、その美しさが危険なんです」

ドイツの文脈では、哲学者や神学者は最後にみんな美学に行く。そして美しさと神学的なものをくっつける。それによって具体的な人間が抜け落ちてしまうというのです。また、バルトの自然観もよろしくない。きわめてドイツ的な文脈、いや、スイス的な文脈のなかで出てくる自然観であって、その背後にはナチスに協力したドイツ・キリスト者の問題がある。それを普遍化したらだめだというのです。

緒方先生は当時ジョン・マッコーリー[22]の神学書やワーズワース[23]の詩集をよく読んでいて、講義でもワーズワースとマッコーリーはつながるところがあるというので、イギリスのロマン主義について話し、それからロマン主義つながりでシュライアマハーの話をしたりしていました。

ただ講義をしたらそれをまとめて紀要か本にしてくれればいいんだけど、緒方

新教出版社）、『教会教義学』（邦訳、全四巻・三六冊、新教出版社）など多数。

【17】**佐藤敏夫**　一九二三―二〇〇七。神学者。ハートフォード神学大学卒業。神学博士。東京神学大学教授、同学長を務め、一九九一年退職。著書に『近代の神学』（新教出版社）、『キリスト教神学概論』（新教出版社）、『キリスト教信仰概説』（ヨルダン社）など多数。翻訳もバルト『バルト自伝』（新教出版社）ティリッヒ『近代プロテスタント思想史』（新教出版社）など多数。

【18】**加藤常昭**　一九二九―。神学者。東京大学文学部哲学科卒業。東京神学大学修士課程終了。東京神学大学教授、ハイデルベルク大学客員教授、日本基督教団鎌倉雪ノ下教会牧師を経て、現在、日本基督教団引退教師。著書に『聖書の読み方』（日本基督教団出版部）、『祈りへの道』（教文館）など多数。『加藤常昭信仰講話』（全七巻、教文館）、『加藤常昭説教全集』（全二〇巻、ヨルダン社）がある。

【19】**緒方純雄**　一九二一―二〇一

先生は全然文章にしない。話しっぱなしで終わり。それでも強く印象に残っています。

深井――シュライアマハーを読んでおられたのは緒方先生だけですか。

佐藤――緒方先生のほかには、歴史神学の藤代泰三先生【24】がシュライアマハーのファンだった。藤代先生のシュライアマハーの話はいつも長かった。というのも彼はディルタイ【25】を尊敬していまして、ディルタイの『シュライアマハーの生涯』をよく紹介していました。

それからクラウス・シュペネマン先生【26】。現在は関西セミナーハウスの仕事についていらっしゃいますが、当時は文学部と神学部を兼担していて、社会哲学の授業ではエキュメニカル運動【27】とロシアの共産主義の話をされたりする、とてもおもしろい授業でした。ハーバーマス【28】の社会哲学についても私はシュペネマン先生から手ほどきを受けました。

彼は独自の読みかたをするのです。ハーバーマスについてもアリストテレスとの文脈で読み解きます。私はたびたびハッとさせられたし、いまでも影響を受けていますが、シュライアマハーの問題は、啓蒙主義克服の問題なのだという。

あとでじっくりお話しすることになるでしょうが、彼はシュライアマハーの

六。熊本県生まれ。同志社大学神学部卒業。牧師を経て、同志社大学教授を長く務める。専門は組織神学。著書に『宗教学』（三和書房）など。訳書にフェレー『キリストとキリスト者』（新教出版社）など。

【20】ツァールントの『二〇世紀のプロテスタント神学』 邦訳は上下、新教出版社、一九七五年。ハインツ・ツァールント（一九一五―二〇〇三）はドイツのプロテスタント神学者・宗教ジャーナリスト。カール・バルトを中心に、ブルンナー、ブルトマン、ティリヒ、ゴーガルテンなどの二〇世紀神学の潮流を紹介。

【21】ユニオン神学校 ニューヨーク市のマンハッタン、コロンビア大学の隣にある神学校。もともとは一八三六年に長老派によって設立されたが、今日ではどの教派にもひらかれた神学校となっている。ボンヘッファーの留学先であり、ティリヒ、ラインホールド・ニーバーなど錚々たる神学者が教えたことでも名高い。二〇〇八年に初の女性校長が誕生したことも話題となった。

「直観と感情」という点から『宗教について』を構造分析して、「神の位置の交代」が非常に重要だと言ったのです。シュライアマハーはどういう意味で形而上学を否定しているのか。それは（古代中世の形而上学がひきずっていたわれわれの）「上にいる神」という問題をそのままにすると、キリスト教は、コペルニクス革命【29】以降の宇宙像と矛盾してしまう。そうすると、二元論に立つか、あるいは「地球は平たい」といって強弁するか、どちらかしかなくなる。シュライアマハーは（神の居場所を直観と感情ということによって心のなかに解消することで）、コペルニクス的な宇宙像と矛盾しないかたちへ方向転換をした。それが『宗教について』の意味だという解釈をとるのです。

敬虔主義と啓蒙主義

深井――啓蒙主義の問題は佐藤先生といろいろ話しあってみたいことのひとつです。また、敬虔主義《ピエティスムス》の問題もある。敬虔主義はシュライアマハーの家の宗教で、彼はこれも克服しなければいけなかった。ただ敬虔主義《ピエティスムス》と啓蒙主義《アウフクレルンク》は矛盾しないのです。なぜかといえば、両方とも制度としての教会がきらいという点で、結論

【22】ジョン・マッコーリー　一九一九―二〇〇七。スコットランド出身の神学者・実存主義哲学者・聖公会司祭。グラスゴー大学卒業後の一九四三年から兵役に就き、一九四五年に長老派牧師の按手を受け、陸軍のチャプレンを務める。グラスゴー大学に復帰してPh・Dを取得後、ユニオン神学校の組織神学教授。米国滞在中に聖公会に改宗し、一九六五年に司祭に任じられる。さらに一九七〇年から一九八六年までオックスフォード大学の組織神学の教授を務めた。ブルトマン神学の研究者でもあり、ハイデガーの『存在と時間』の英訳者でもある。著書に『現代思想におけるイエス・キリスト』（邦訳、聖公会出版）がある。（『現代思想におけるイエス・キリスト』の著者紹介などを参照）

【23】ワーズワース　ウィリアム・ワーズワース。一七七〇―一八五〇。イギリスのロマン派の詩人。湖のほとりに居を構え、湖水詩人として知られる。一八四三年にイギリス王家から桂冠詩人の称号を授与された。邦訳多数。

が一致する。敬虔主義も実は制度を媒介としない宗教性ですから。

佐藤――敬虔主義というと、ヘルンフート兄弟団[30]で活動していた人にクリスティアン・ダーフィト[31]がいます。この人はもとはといえばモラヴィア（一致）兄弟団[32]出身です。現在のチェコ東部、モラヴィアの北部は敬虔主義の拠点で、この地域でヨゼフ・ルクル・フロマートカ[33]も生まれている。だからフロマートカの神学には敬虔主義的な部分があるし、彼が属していたチェコ兄弟団福音教会にも敬虔主義者がたくさんいます。

実は、敬虔主義の問題は、日本の文脈においても重要です。明確に敬虔主義といわなくても、知的なキリスト教徒の多くに敬虔主義的なキリスト教理解がある。

深井――それは鋭い意見で、東神大の組織神学の教授の多くは、もともと敬虔主義。佐藤敏夫先生はホーリーネス。佐藤先生もシュライアマハーを一生懸命やりました。大木英夫[34]さんはもともと東洋宣教会で、渡辺善太の指導を受けている。それから古屋安雄先生は、保守派の南長老派でしたか。みんな敬虔主義の系統なんですよ。

佐藤――それに比べて同志社はだいぶ雰囲気が違います。私が会った先生がたまたまそうだっただけかもしれませんが、藤代泰三先生の父親は兜町で株をやって

【24】藤代泰三 一九一七―二〇〇八。青山学院大学神学部を経て、同志社大学神学部卒業。シカゴ大学大学院修了。同志社大学神学部教授、同学部長を歴任。専門はキリスト教史学。（『キリスト教史』講談社学術文庫の著者紹介を参照）

【25】ディルタイ ヴィルヘルム・クリスティアン・ルートヴィヒ・ディルタイ。一八三三―一九一一。ドイツの哲学者・精神史家。ベルリン大学で哲学や神学、歴史学を学ぶ。バーゼル大学やブレスラウ大学で教鞭を執ったのち、一八八二年にベルリン大学教授に就任。生の哲学の提唱者。邦訳に『ディルタイ全集』（全一一巻・別巻一、法政大学出版局）がある。

【26】クラウス・シュペネマン 一九三七―。ドイツの神学者・社会倫理学者。ハイデルベルク大学より博士号。一九七〇年に来日し、同志社大学文学部・神学部で教鞭を執る。現在は同志社大学名誉教授、日本クリスチャンアカデミー理事長。著書に『男の子の躾け方――あるドイツ人からの提言』（光文社）がある。（同書の著者紹介などを参照）

いて、ご本人は青山（学院）に行かされて、でも株の仕事は絶対したくないからといって、青山から同志社に来た。緒方先生のお父さんは上海かどこかでやばい商売をしていたらしい。若いころは拳銃を持って歩いていたと言っていました。緒方先生は非常に温厚な先生なのに、実は、熊本一中【35】のときに漢文の先生をぶん殴って退学になって、そのあと関学（関西学院）に行き、関学から同志社に来たという。有賀鐵太郎【36】は父親がイスラム教徒の商社員で、（東京府立）一中【37】から同志社へ来たわけですし、魚木忠一【38】は判子屋で丁稚奉公をしていたといいますから、農家の出身ではないかと思います。私の先生は、キリスト教的なバックグラウンドがない家庭の出身で、知的関心や実存的関心からキリスト教徒になった人が多いです。

深井——話をドイツに移しますと、ドイツの思想の系譜における啓蒙主義は、実は、フランス的な啓蒙思想から直接来たのではないのです。出発点は敬虔主義でした。

シュライアマハーもそうですが、敬虔主義のまじめな人たちが信仰を持ちつつ勉強していくと、佐藤先生がさっきおっしゃったような信仰と自然科学とか、信仰と学問の矛盾といった問題に悩む。そこで自分たちの信仰と現実にどう折りあ

【27】**エキュメニカル運動**　世界教会運動。プロテスタント諸教派によって、一九一〇年のエディンバラ宣教会議にはじまり、一九四八年に結成された世界教会協議会を活動の中心とする運動。諸教派・諸教会の相互理解、共同研究の促進、福音宣教の相互援助などを目的とする。

【28】**ハーバーマス**　ユルゲン・ハーバーマス。一九二九-。ドイツのフランクフルト学派の政治哲学者。とりわけ公共性論、コミュニケーション論で名高い。ゲッティンゲン大学、チューリヒ大学、ボン大学に学び、ボン大学より博士号。フランクフルトの社会研究所を経て、フランクフルト大学教授、マックス・プランク研究所所長などを歴任。著書に『公共性の構造転換』（邦訳、未來社）、『コミュニケイション的行為の理論』（邦訳、上中下、未來社）など多数。

【29】**コペルニクス革命**　ニコラス・コペルニクス（一四七三-一五四三）が提唱した地動説が、地球を宇宙の中心とする考えかたを含む世界観や西洋思想の枠組みそ

いをつけるか、どこまで折りあいをつけられるかという実験をはじめるのです。ここまでは許してもいい、ここまではキリスト教の神学と自然科学は和解できる、といったふうに、少しずつ自分の信仰をひろげていく。

教会から「そんなことをするな、それはサタンの誘惑だ」と言われたりしながら、それでも少しずつ戦っていく。こういう段階の神学を「ネオロギー」といいます。「ネオロギー」というのは「新しい先生」と訳せばいいのですが、教会の権威ではなく理性を新しい先生にして、自分の敬虔を少しずつ理性に対してひらいていく。

そういう人たちから生まれた啓蒙主義がドイツにはあるのです。だから啓蒙主義の出発点は敬虔主義なんです。シュライアマハーはまさにその系統だと思います。

佐藤——フランスの啓蒙主義とはまったく系譜が違うということですね。

深井——そうです。だからレッシング[39]なんかもそうですが、ドイツの啓蒙主義は宗教的です。

のものをくつがえし、近代科学および近代的世界観をもたらすにいたったことを指す。

【30】**ヘルンフート兄弟団**　一七二二年、ニコラウス・ツィンツェンドルフ伯爵（一七〇〇-一七六〇）は、領地であるザクセンのベルテルスドルフに、モラヴィア兄弟団を名乗る難民が住むことを許した。兄弟団はクリスティアン・ダーフィトを中心に結集し、その地に「神の守り」を意味するヘルンフートという居留地を建設。一七二七年に教会を建て、一七三七年には伯爵が監督に就任。ただし伯爵はルター派との分離を望まなかったので、ルター派でも按手を受けた。外国にも宣教師を派遣するなど勢力を増し、現代にまで至るモラヴィア教会との礎となった。

【31】**クリスティアン・ダーフィト**　一六九一頃-一七五一。現在のチェコのモラヴィア・スレスコ州ジェンクラヴァ生まれ。ルター派の宣教師。カトリックの環境に育つが、のちに改宗。グリーンランドやネイティヴ・アメリカンへの宣教で有名。ツィンツェンドルフ伯爵とともに、ヘルンフート兄

啓蒙主義とロマン主義

佐藤──啓蒙主義とロマン主義との関係はどう整理しますか。

深井──そこがむずかしい。ロマン主義は、同時代的な現象ですが、ドイツ・ロマン主義という場合には、やはりドイツ的な感覚なんでしょう。一方で、人間よりはるかに大きな宇宙、あるいは全体との関係で個を考えている。他方で、自然や個、普遍とか宇宙といったものの合一、そういうことを考える系譜ですから、佐藤先生がときどき指摘されるナショナリズムとシュライアマハーが結びついていく経緯は、ロマン主義にある。

佐藤──ナショナリズムとシュライアマハーの結びつきについては、アメリカで活躍したが早く亡くなったイラク出身の民族学者エリ・ケドゥーリー[40]が、『ナショナリズム（Nationalism）』（邦訳、学文社）という本に書いています。日本ではベネディクト・アンダーソン[41]がナショナリズム論のベースになるけれども、エリ・ケドゥーリーは、アンダーソン、アーネスト・ゲルナー[42]と並んで三巨頭という感じですね。

弟団の共同設立者のひとり。

【32】モラヴィア兄弟団　フス戦争のフス派急進派の流れを汲み、ペトル・ヘチルスキー（一三九〇頃─一四六〇頃）やルカーシュ・プラシュスキー（一四六〇頃─一五二八）らによって教理や教規が整備された。フス戦争ののちフス派穏健派のウトラキスト（聖杯派・二種陪餐派）はカトリックと妥協し、ボヘミアで事実上の信仰の自由を獲得していたが、兄弟団は一六〇九年の皇帝ルドルフ二世の勅書でようやく認められた。信仰の中心地がモラヴィアであったためこの名がある。しかし一六一八年に起こったボヘミア反乱が一六二〇年のヒーラー・ホラ（白い山）の戦いでの大敗北で終結すると、ハプスブルク家によってカトリック信仰が強制され、兄弟団は消滅したかに思われた。（フロマートカ編著『宗教改革から明日へ──近代・民族の誕生とプロテスタンティズム』佐藤優監訳、新教出版社、市川綾野「近世ボヘミアにおける独立の歩み──ボヘミア連合の成立背景と実態に関する一考察」『早稲田大学教育・総合科学学術院 学術研究（人文・社会科学編）』第六〇号などを参照）。

ロマン主義でおもしろいのは、ロマン主義に挫折すると大体ニヒリズムになることです。ロマン主義は、それが森のなかであれ、過去の自分の情念であれ、どんなに追求しても必ず現実の壁にぶつかるからです。

また、これはヨゼフ・ルクル・フロマートカが言っていたことですが、彼がアメリカに行って一番違和感を感じたのは、「それが現実にどう役立つのか」という質問が多いことだ、ということでした。アメリカ人はみんないい人で、学者たちもいい人たちなんだけれど、皮膚感覚でロマン主義がわからない、と。実際、ロマン主義がヨーロッパを席巻していたとき、アメリカはフロンティアを開拓していた。これはロマン主義につながらない。

だから私なりに整理すれば、アメリカはロマン主義を体験することなく、フランス型の啓蒙思想がずっとつづいているということになる。

これは非常に説得力がある。おまけに第一次世界大戦でもアメリカは勝者で、しかも本土に戦争のインパクトは全然なかった。むしろ一等国になっただけでした。第二次世界大戦でもアメリカは勝者で、真珠湾を除いては、国土が戦場になっていない。戦争による大量殺戮や大規模の破壊の衝撃を受けていないのです。

だから、アメリカ人の発想は非常にベタなんですね。それもあってアメリカに

【33】ヨゼフ・ルクル・フロマートカ　一八八九―一九六九。モラヴィア出身のチェコのプロテスタント神学者。ウィーン大学、バーゼル大学、ハイデルベルク大学、スコットランドのアバディーン大学で神学を学ぶ。プラハのフス神学大学の組織神学教授になるが、ナチスの勢力拡大によりアメリカへ亡命、プリンストン大学客員教授を務める。一九四七年、共産主義体制のチェコスロバキア（当時）に帰国、以後コメンスキー福音主義神学大学教授を務めた。著書は『神学入門――プロテスタント神学の転換点』（邦訳、新教出版社）、『人間への途上にある福音――キリスト教信仰論』（新教出版社）など多数。

【34】古屋安雄　一九二六―二〇一八年。神学者・牧師。日本神学専門学校卒業後、アメリカやドイツに留学し、プリンストン神学校で博士号を取得。国際基督教大学教授、東京女子大学宗教顧問、聖学院大学教授などを歴任。日本のキリスト教研究に注力し、『なぜ日本にキリスト教は弘まらないのか』『キリスト教と日本人』（ともに教文館）などの著書がある。

は、シュライアマハー的なものが理解できる人たちと、理解しにくい人たちがいる。

反対に、日本人はたぶんロマン主義が理解しやすいと思います。西田幾多郎【43】や右翼の大川周明【44】は、シュライアマハーの影響を強く受けている。戦前においてシュライアマハーの影響がどれぐらい強く、まじめに受けとめられたかについては、いわゆる西哲叢書——正式名称『西洋哲学叢書』——に渡辺泰三氏が書いた『シュライエルマッヘル』（西哲叢書、弘文堂書房）という本を読めばある程度わかります。一九三八年で定価一円三〇銭だから、現在の物価だと一万五〇〇〇円くらいでしょうか。こういう書籍が出版されたことも興味深いところですね。

ただ、深井先生の『宗教について』の新訳が出たことで、シュライアマハー研究もようやく広汎に、若い世代にまでひろがるのではないでしょうか。いままでの訳はここまでていねいではなかった。それに新訳は読みやすい。解説も優れている。ほかの翻訳の解説は、例の第二講の直観と感情のところしか扱っていないのに、深井先生の解説は第三講以降も含めて全体を見ている。それに人間が何か文章を書くときには、その文脈があるわけで、シュライアマハーは限りなく不倫に近いような気持ちを他の牧師の奥さんにいだいていたといった、そういう人間

【35】**熊本一中**　熊本第一済々黌のこと。一八七九年創立。熊本で一番古い旧制中学校。現在の熊本県立済々黌高等学校。

【36】**有賀鐵太郎**　一八九九－一九七七。プロテスタント神学者。神学博士。同志社大学神学部卒業。シカゴ大学、ユニオン神学校に留学。同志社大学神学部教授、初代神学部長、文学部教授、文学部長を歴任。著書に『有賀鐵太郎著作集』（全五巻、創文社）がある。

【37】**（東京府立）一中**　旧制の東京府立第一中学校のこと。一八七八年創立。現在の東京都立日比谷高等学校。

【38】**魚木忠一**　一八九二－一九五四。同志社大学神学部卒業。ユニオン神学校、マールブルク大学に留学。同志社大学神学部教授。著書に『日本基督教の精神的伝統』（基督教思想叢書刊行会）がある。

【39】**レッシング**　ゴットホルト・エフライム・レッシング。一七二九－一七八一。ドイツの劇作家・批評家・哲学者。代表的啓蒙

的な感情もしっかり組みこんでいるのは、この解説がはじめてではないでしょうか。たいへんおもしろい。

深井――もしかしたら、あれは書かなくてもいいことだったかもしれませんが（笑）。

社会主義のなかのキリスト教

佐藤――今日私は、東ドイツで出版された『シュライアマハー選集』を持ってきています。これは一九八三年にウニオン・フェアラーク（同盟出版）――つまり東ドイツにもキリスト教民主同盟【45】があり、その出版局――から刊行されたものです。

東ドイツは無神論国家であり、紙は人民のものだから、キリスト教書の刊行には紙の割り当てが非常に制限されていました。そのため教会で実際に必要なものが優先的に出版された。校注なんかも本文に埋めこんで紙を節約しています。そういう状況でもシュライアマハーの選集が出たというのは、やはり教会のなかで生きている神学だからだと思います。

思想家であり、ドイツの文学・思想に多大な影響を及ぼした。ライプツィヒ大学で神学・医学・哲学などを学ぶ。戯曲に『無神論者』や『賢者ナータン』、批評に『ラオコーン』『ハンブルク演劇論』など。『理性とキリスト教 レッシング哲学・神学論文集』（新地書房）がある。

【40】エリ・ケドゥーリー 一九二六―一九九二。イギリスの歴史学者。バグダット生まれのユダヤ系イラク人。ロンドン・スクール・オブ・エコノミクスの政治学教授を務めた。

【41】ベネディクト・アンダーソン 一九三六―二〇一五。アイルランド出身の政治学者。ケンブリッジ大学卒業。コーネル大学でPh・Dを取得。長らくコーネル大教授を務めた。国際関係論やアジア研究の泰斗で、『想像の共同体』（邦訳、NTT出版他）では、ナショナリズムの起源を探究。著作は他に『比較の亡霊』（作品社）など。

【42】アーネスト・ゲルナー 一九二五―一九九五。フランス出身

深井――選集には何が選ばれたんですか。

佐藤――冒頭に「宗教について」が収録されています。それにつづいて……。

深井――「神学通論」、「信仰論《グラウベンスレーレ》」。「信仰論」はかなり読まれているということですね。

佐藤――そう思います。東ドイツの場合、学的な関心が理由では神学書を出版できないのです。実際に教会で需要がなければならない。ということは、一九八〇年代にシュライアマハーは現実の教会のなかで生きていたということです。

深井――一九八三年の東側で、シュライアマハーはどんなふうに読まれていたのでしょうか。

佐藤――いま深井先生の話をうかがって思ったのですが、やはり敬虔主義から啓蒙主義に行くという文脈じゃないかと思います。社会には啓蒙が必要だということでしょう。

　東ドイツには「新二王国説」という論理があって、ルターに基づいて、政治的には東ドイツの共産主義体制を支持し、信仰は内面に限定するという感じが強かった。さらに、ボンヘッファー【46】の「成人した社会」という考えを使って西側を批判し、東ドイツの（無神論国家の）現状を擁護しているところもありました。し

の歴史学者。パリでユダヤ系の家庭に生まれ、プラハに移り、さらに一九三九年、ナチスの勢力伸長のためイギリスに亡命。戦後プラハ・カレル大学、オックスフォード大学、ロンドン・スクール・オブ・エコノミクスで、哲学・人類学・政治学を学び、中央ヨーロッパ大学ナショナリズム研究センター所長を務めた。『民族とナショナリズム』（邦訳、岩波書店）はナショナリズム研究の代表的研究とされる。

【43】西田幾多郎　一八七〇―一九四五。西洋の近代哲学と日本の仏教思想、とりわけ禅の無の思想を融合し、京都学派の祖となった。「絶対矛盾的自己同一」「逆対応」など独自の思想で名高い。著書に『善の研究』（岩波文庫）、『西田幾多郎全集』（全一九巻、岩波書店）、『西田幾多郎哲学論集』（Ⅰ〜Ⅲ、岩波文庫）など。

【44】大川周明　一八八六―一九五七。国家主義の思想家・宗教学者。さまざまな思想・哲学を渉猟し、多国語に通じ、満鉄東亜経済調査局嘱託、拓殖大学教授、法政大学陸上部長などを務める。インド独

かし実際の教会では、信仰は内面領域にとどめておけといいながらも、それに対する強烈なアンチの感情が強いという文脈もあったということでしょう。

深井――お伺いしたいのですが、ルター派には「ディ・オープリヒカイト（die Obrigkeit 上に立つ権威）」【47】という考えかたがあります。ルター派はずっと「ディ・オープリヒカイト」とは「上に立つ者の権威」、要するにその時代の政治的支配者や制度に従うことだ、という解釈をとってきた。ナチスに対して初期には非常に無防備だったのも、それがひとつの理由だと思います。では、共産主義社会のなかでは、「ディ・オープリヒカイト」をルター派はどう考えていたのか。

佐藤――ルター派の主流派はやはり同じ解釈です。だから東ドイツの教会が、どこまでルター派の伝統に立ち、どこまで日和見主義の結果だったかは、よくわからない。

ただ、東ドイツの教会を見ていると、改革派の匂いはほとんどしません。たとえば、東ドイツで出版されたドイツ語版聖書は、ほとんどがルター訳【48】で、チューリッヒ訳【49】はごく稀にしか刷られない。エキュメニカル訳【50】は東独末期に結構刷られるようになりましたけれど、やはり大勢はルター派の聖書です。

また、一九八〇年代の頭には、プロイセン化運動というのが東ドイツでありま

立運動を支援。多くの国家主義者と交流があり、三月事件や血盟団事件などにも関与。戦後、民間人としてはただひとりA級戦犯として起訴されたが、精神異常として釈放された。晩年にはクルアーンの全訳を上梓している。

【45】キリスト教民主同盟（CDU。東ドイツ） ドイツが第二次世界大戦に敗北し連合国に占領された一九四五年、カトリック政党であった中央党の人々を中心にドイツ各地に発足。しかし一九四八年に、ソビエト占領地域の中心人物であったキリスト教社会主義者のヤーコプ・カイザー（一八八八―一九六一）が追放されると西側CDUとは無交渉となり、一九四九年に成立した東ドイツ（ドイツ民主共和国）では、社会主義体制下の一政党となった。一九九〇年のドイツ再統一後、西ドイツのCDUに吸収された。

【46】ボンヘッファー ディートリヒ・ボンヘッファー。一九〇六―一九四五。ドイツのルター派の牧師・神学者。テュービンゲン大学神学部に学び、神学博士。ユニオン神学校に留学。ベルリン大学

した。東ドイツはプロイセンとザクセンが中心。同じドイツでもバイエルンとは違います。だから、われわれはプロイセンの後継者だというかたちで、東と西のふたつのドイツを正当化する。そういう文脈でプロイセン再評価があったのです。

深井——そういう文脈では、たとえばシュライアマハーは評価されますか。

佐藤——評価されました。ベルリン大学建てなおしの中心的人物ですからね。東ドイツでは『シュライアマハーの教育選集』なども出てますし、それからルター生誕五〇〇年祭が国家行事として行われ、そのときに東ドイツでも六巻本の『ルター研究版選集』(Luther Studienausgabe)が刊行されています。

深井——私のもうひとつの疑問は、なぜシュライアマハーの『宗教について』を東の人たちが読んでみようと思ったのか、あるいは、読んで何を感じたのかということなんです。

たしかに後期のシュライアマハーは教会制度に凄く敏感ですが、王さまの命令で(教会改革も含めて)いろんなことをやっているので教会批判は控えめです。しかし初期は、ロマン主義の人たちと一緒に、教会制度批判に近いことを主張し、直観と感情なんて言っている。

ということは、現体制の教会や制度の縛りがあるとしても、(シュライアマハ

の私講師やベルリンのマテウス教会の牧師を務める。反ナチ運動に参加し、一九三九年に一度アメリカへ脱出するも一か月で帰国、国防軍の反ヒトラー派などと和平交渉やヒトラー暗殺計画に加わるが、計画は失敗、逮捕され絞首刑に処せられた。

ボンヘッファーはたとえば、獄中からの書簡で次のように述べる。「このように、成人した世界は、私たちを神の前における状況の正しい認識へと導く。神は私たちが男としてまた女として、その生活を神なしに営むことができる者であることを悟らせたもう。私たちとともにおられる神は、私たちを見捨てる神(マルコ一五・三四)である。神という作業仮説なしにこの世界で生きるようにさせる神こそが、私たちが絶えずその前に立っている神なのである。神の前で、神と共に、神なしに、私たちは生きるのである」。(引用は、S・R・ヘインズ+L・B・ヘイル『はじめてのボンヘッファー』船本弘毅訳、教文館より)

【47】上に立つ権威 ローマの信徒への手紙13章に「人は皆、上に立つ権威に従うべきです。神に由

ーのような考えかたならば）神学ができるということではないか、そういう感覚があったのではないかと思う。

佐藤――そういう感覚は明らかにあったと思います。だから西独よりも、『宗教について《ウーバー・ディ・レリギオン》』が心に響くのです。

東独体制の硬直した教会で、本当に自分の救済がなされるのか――そんな思いは神学者たちも信徒たちも持っていたはずです。しかし、西ドイツと厳しく対峙している状況下で、下手に自分たちの言葉で思いを表現したらどうなるか。そこで当局がプロイセンの遺産を評価しているのを利用し、検閲官は内容はあまりわからないだろうから、かつてベルリン大学に非常に立派な先生がいて、その先生の業績を報告します、といったやりかたで、出版したり研究したりしていたということはあるでしょう。

深井――なるほど。

佐藤――同じ版元から色違いで、シュライアマハー『哲学著作集《フィロゾフィシェシュリフテン》』(Philosophische Schriften) というのも出ています。「弁証法 (Dialektik)」なんかも入っている。

深井――滅多に聞けない話で、たいへん興味深いです。そういう傾向は、たとえ

来しない権威はなく、今ある権威はすべて神によって立てられたものだからです。だから、怒りを逃れるためだけでなく、良心のためにも、これに従うべきです。あなたがたが貢を納めているのもそのためです。権威者は神に仕える者であり、そのことに励んでいるのです。すべての人々に対して自分の義務を果たしなさい。貢を納めるべき人には貢を納め、税を納めるべき人には税を納め、恐るべき人は恐れ、敬うべき人は敬いなさい」（13・1－7）とあるのを典拠としたルター派の考え。

【48】**ルター訳**　ルターがヘブライ語およびギリシャ語の原典から、ラテン語訳聖書（ウルガータ）も参照しつつ、ドイツ語に翻訳した聖書。一五二二年に新約聖書の訳が完成。一五二四年から一五三四年にかけては、新約聖書を改訂しつつ旧約聖書の諸文書が刊行され、一五三四年に聖書全訳が完成した。さらに一五四五年にルターの手による最後の改訂版が出された。ルターの死後も改訂はつづけられ、最新版は二〇一七年改訂版である。

【49】**チューリッヒ訳**　スイスの

ば、そのほかの東欧諸国でも見られますか。

佐藤――国によって違います。ポーランドとルーマニアではプロテスタントは圧倒的少数派で、しかもルーマニアのプロテスタントはほとんどハンガリー人。ハンガリーのプロテスタントは改革派です。

深井――ハンガリーはそうですね。

佐藤――だからルーマニアも、ハンガリーの改革派と一緒ですが、ハンガリーの改革派は、不思議なことに、長老制【51】ではなく監督制【52】です。神学については、バルトやブルンナー【53】がストレートに入ってきている感じですね。

一番複雑なのはチェコで、チェコはボヘミア宗教改革【54】の影響を非常に強く受けている。だからルター派的なものに対しては違和感が強い。

一九一八年にルター派と改革派が教会合同していますが、本音をいえば、ルター派と改革派が合同するというよりも、自分たちは本当はフス派だけれど、（宗教）寛容令【55】以降、改革派かルター派の仮面をかぶらざるをえなかった。いまその仮面を脱いでフス派に戻ろうじゃないか、という感じの運動でした。だからボヘミアに行くと、プロテスタント教会には基本的に十字架がないのですね。

深井――え、そうなんですか？

宗教改革者ツヴィングリが友人たちと訳した聖書。一五二五年から一五二九年にかけて新約聖書は完成。旧約聖書は一五三一年に刊行された。ツヴィングリの死後も何度か改訂されている。

【50】**エキュメニカル訳**　第二ヴァチカン公会議後、カトリックの聖書や典礼の各国語化を受けて、一九七〇年代からカトリック教会がドイツ福音主義教会やドイツ聖書協会と協力し、ヘブライ語、アラム語、ギリシャ語原典からドイツ語に翻訳した聖書。統一訳。一九八〇年に完成。現行は二〇一四年の第二版。

【51】**長老制**　カルヴァンの教会改革に従い、信徒から選ばれた者と牧師を長老として、その合議（長老会）によって教会を運営する、間接民主制的な制度。個々の教会の長老会（小会）を超えて、複数の教会を有する地域の長老会（中会）、および全国的な長老会（大会）が、各教会より上位の組織として重んじられる点に特徴がある。

【52】**監督制**　カトリックにおけ

佐藤――彼らにとって十字架は、カトリックの十字軍【56】が攻めてくる侵略のシンボルなんです。だからプロテスタント教会の屋根や扉に掲げられているのは聖餐杯【57】です。観光客がときどき、飲み屋とまちがえて入ってくるそうですが（笑）。

　この合同教会はチェコ兄弟団福音主義教会【58】といって、チェコのキリスト教の主流です。敬虔主義のモラヴィア兄弟団教会といった教会もあります。ですからルター派との合同教会といっても神学的には改革派に近い。

深井――それでは、シュライアマハーはあまり読まれない？

佐藤――チェコではあまり読まれないですね。ハルナック【59】はよく読まれるのですが。

深井――意外ですね。

佐藤――それから、ウィーンのプロテスタントの神学者で（エドゥアルト・）ベール【60】という人がいて、この人の神学がベースになっていました。

　バルトやブルンナーは非常によく読まれてました。それからティリヒ。とはいえ、やはりバルトの影響が圧倒的に強かったですね。

る司教（他教派における主教・監督）→司祭（同、長老）→助祭（同、輔祭・執事）のような聖職制を採用し、トップダウンで意思決定がなされる中央集権的な教会の運営方式。カトリックの司教は教皇の任命によるが、プロテスタントでもルター派などは監督制をとり、たとえばアメリカ福音ルター派教会では全国規模の全体総会で、ドイツ合同福音ルター派教会の場合は州の教会総会で、監督が選出される。

【53】ブルンナー　エーミル・ブルンナー。一八八九―一九六六。改革派の神学者。スイスのチューリッヒに生まれ、ユニオン神学校で学ぶ。チューリッヒ大学神学部教授・総長を務めたのち来日し、国際基督教大学で教鞭を執った。著作に『教義学』（邦訳『ブルンナー著作集』第二～五巻、教文館）、『出会いとしての真理』（邦訳、教文館）など多数。

【54】ボヘミア宗教改革（とフス戦争）　ボヘミア（現在のチェコ西部）出身の神学者・司祭ヤン・フスが、ウィクリフの影響を受けてはじめた教会改革運動。聖書に基

日本でのシュライアマハーの受容

深井――世界全体を見まわしていると、シュライアマハーが今日でも読まれているのは意外にも、ドイツと日本ではないかと思うときがあるのです。

佐藤――そういう感じはあるかもしれません。日本では西田幾多郎がシュライアマハーに非常に影響を受けています。小林敏明氏[61]の『西田幾多郎の憂鬱』（岩波現代文庫）という本がよく調べている。ちなみに西田幾多郎はあまり外国語が得意でなかったらしく、どの本も最初の三〇頁から五〇頁くらい読んだところでやめて、その先は読んでいない。それでも大体の理屈がつかめるから、あとはそれで押しとおすということらしい（笑）。

深井――相当偉い人ですね（笑）。

佐藤――オリジナルな思想を持っている人って、そうなんでしょうね。

また大川周明は、宇宙を直観するということに非常に関心があったようです。日本の世界史的な使命とか、そういうものと結びついたのかもしれません。

深井――日本のコンテクストでいうと、シュライアマハーは意外と教育学の人た

づく信仰を強調し、十字軍の費用調達のための贖宥状（免罪符）発行を批判。さらにチェコ語による典礼を行い、二種陪餐を主張した。フスは一四一四年のコンスタンツ公会議に召喚され、神聖ローマ帝国皇帝兼ハンガリー王ジギスムントに身柄の安全を保証されていたにもかかわらず、異端として有罪を宣告され、火刑に処された。

一四一九年にジギスムントがボヘミア王も兼ねることになると、フスの信者たち（フス派）は蜂起、元傭兵のヤン・ジシュカ（一三七四—一四二四）を中心に、銃や装甲馬車などの新兵器を駆使して、ジギスムントの派遣した十字軍を何度も撃破するが、ジシュカがペストで死去すると統制を失い、内部分裂と抗争のすえにウトラキスト（「二つの」「両の」を意味するラテン語 utraque に由来。聖杯派・二種陪餐派）と呼ばれる穏健派が急進派を打倒し、一四三六年にジギスムントおよびカトリック教会と平和協定（バーゼルの誓約）を結び、二種陪餐の自由を確保して戦争は終結。さらに一四八五年のクトナー・ホラの協定によってボヘミアにおけるカトリックと二種陪餐派の法的平等を獲得。

ちが読んでるのですね。

佐藤――玉川大学出版部がいろいろ出していました。

深井――講義録（『教育学講義』）も出しています。それから、いま私の勤務先の東洋英和の大学院博士課程の院生がシュライアマハーの教育論で博士論文を書いているので調べたのですが、シュライアマハーの教育学関係で博士号をとった人は、日本には何人もいるのです。意外と関西に多い。

佐藤――誰か（シュライアマハーについて指導する）先生がいるのかな。誰か先生がいないとそうはなりにくい。

深井――哲学との関連でいうと、日本ではシュライアマハーはヘーゲル【62】との関係で読まれてきたところもあると思います。ただこの場合、シュライアマハーを深く読むわけではなくて、ヘーゲルとの対峙とか、喧嘩とか、弁証法の考えの違いとか、そういった点を論じる場合が多いわけですが。

佐藤――ヘーゲリアン、特に『エンチクロペディ』【63】とか一連の講義を勉強するヘーゲリアンは、ヘーゲルによる法華一乗主義みたいになるのです。ヘーゲルにおいてすべてが総合されたのであって、そのほかすべては（ヘーゲルへと至る）プロセスにすぎないから、ちゃんと読まない。最近シェリング【64】が日本でも読みなお

急進派の流れを汲む兄弟団も一六〇九年の皇帝ルドルフ二世の勅書で認められた。しかし一六二〇年にボヘミア反乱が鎮圧されると、カトリック信仰が強制されることになった。（佐藤優『宗教改革の物語』角川書店、フロマートカ編著『宗教改革から明日へ――近代・民族の誕生とプロテスタンティズム』佐藤優監訳、新教出版社、市川綾野「近世ボヘミアにおける独立の試み――ボヘミア連合の背景と実体に関する一考察」『早稲田大学教育・総合科学学術院　学術研究（人文・社会科学編）』第六〇号などを参照）

【55】（宗教）**寛容令**　一七八一年、神聖ローマ皇帝ヨーゼフ二世が、ハプスブルク領内において、カトリック以外の諸派――ルター派、カルヴァン派、正教徒――の信教の自由を認めた勅令。一七八二年にはユダヤ教徒も含まれた。しかしヨーゼフ二世の死の年、一七九〇年には、貴族やカトリック教会からの強い反発によって撤回を余儀なくされた。

【56】十字軍　東ローマ皇帝からの救援依頼を受けて、一〇九六年

されていますが、これまで軽視されてきたのはやはり、過剰なヘーゲルの影響だと思います。

理性の限界

佐藤――これまでの議論で啓蒙主義についてはだいぶ整理されてきたように感じます。

深井――ドイツの啓蒙主義を理解するには、宗教との結びつきが大切で、啓蒙主義という以上、共通項もあるでしょうから、ヨーロッパ全体の啓蒙主義をひとつのものと考えがちではありますが、実はそうではない。むしろ違いのほうが重要だと思います。

佐藤――いずれにせよ、啓蒙主義は英語でいえば「エンライトゥンメント(enlightenment)」、ドイツ語では「アウフクレルンク(Aufklärung)」。真っ暗いところに蝋燭を一本置いて火をつける。そうしたら少し明るくなって周囲が見えて、二本つけたらもっと明るくなって……というイメージがある。

　この蝋燭の火にあたるのがラティオ(ratio)、つまり理性です。啓蒙主義にお

に組織された第一回十字軍を皮切りに、打倒イスラムとエルサレム奪回を掲げて何度も遠征をくりかえした義勇軍のことを一般的には指すが、異教徒でなく異端に対する討伐軍もまた十字軍と呼ばれ、異端のカタリ派を討伐するために一二〇九年に組織されたアルビジョア十字軍が有名である。フス戦争のときも、皇帝ジギスムントがフス派殲滅のために何度も十字軍を組織して送りこんでおり、ここではそちらを指す。

【57】**聖餐杯**　フス派は二種陪餐を主張するため、カトリックでは信徒があずかれない葡萄酒を入れる聖餐杯（カリス）がそのシンボルとなった。

【58】**チェコ兄弟団福音主義教会**　チェコでカトリックに次いで二番目に信徒の多いプロテスタントの教会。一九一八年にルター派教会と改革派教会が合同して成立。先述のようにチェコにはフス戦争以来、フス派のウトラキスト（聖杯派）の教会、のちに兄弟団の教会も存在したが、一六二〇年に禁止され、一七九一年の寛容例でルター派と改革派のみが認められるよ

いては理性が高く評価される。もちろん中世には中世なりの理性の評価はありますが、フランスやドイツといった国ごとの違いはあっても、理性が力を持ってきたことは共通でしょう。

深井――そうですね。

佐藤――しかし理性尊重がどんどん進むと金融資本主義[65]にまで行きついてしまう。理性によって資本主義を管理できるとまで考えてしまう。それがうまくいかないことは、リーマン・ショック[66]でもはっきりしました。もっと歴史上の重大事件をいうならば、第一次世界大戦だと思います。勢力均衡や同盟関係の理屈からすれば、抑止力が働くので世界大戦なんて起きないはずだった。しかし一回火を吹いたら収拾がつかなくなった。啓蒙の限界を示していて興味深い。

深井――私は経済はわかりませんが、経済のニュースを聞いていると、ときどき「市場がいやがって」といった心理学的な用語を使うのを、いつもふしぎに思っているんです。金融工学[67]という精緻な学問もあり、頭脳明晰な人たちが金融に関わっているのに、結局市場を動かしているのは人間の心の動きかと思うと、佐藤先生がおっしゃったように、啓蒙主義や理性の行きつく先を考えてしまう。

佐藤――ご指摘のとおりと思います。みんないつのまにかシュライアマハーに立

うになっていた。

【59】**ハルナック**　アドルフ・フォン・ハルナック。一八五一―一九三〇。ドイツのルター派の神学者・教会史家。マールブルク、ベルリン大学教授を歴任しただけでなく、皇帝の正枢密顧問官、王立図書館館長、カイザー・ヴィルヘルム協会初代総裁として、教育行政や文化政策に大きく関わった。キリスト教の本質をイエスの教えに見、正教やカトリックの歴史を福音がギリシア化し頽落する過程と見た。著書に『キリスト教の本質』（邦訳、春秋社）、『教義史要綱』（邦訳、神戸キリスト教書店）、『マルキオン』ほか多数。

【60】**エドゥアルト・ベール**　一八三六―一九〇三。ドイツ・ハンブルク生まれのプロテスタント神学者。ルター派の父とカトリックの母のあいだに生まれ、ハレ大学およびエアランゲン大学で神学を学ぶ。オランダ改革派教会の牧師・神学者ヘルマン・フリードリヒ・コールブリュッヘ（一八〇三―一八七五）の神学に多大な影響を受ける。一八六一年にバーゼル大学の私講師となり、この地で改

ち帰ってくるのは、そのあたりの限界を、シュライアマハーの作品のなかに読みこむことができる、という感覚があるからではないでしょうか。

深井——そうですね。彼自身の言葉でいうと、彼はもともと敬虔主義者であり、ヘルンフート兄弟団にいた。しかしその後、一気に啓蒙主義の方向へ振れた。しかし啓蒙主義にとどまることもできず、理性だけではないといって、もう一回、感情といった世界に戻ってくる。それを彼は「新しい」とか「生まれ変わった」とか「洗礼を受けた」ヘルンフートだという言いかたで説明しています。敬虔主義も啓蒙主義も感情も理性も両方知っている彼だから、人間や宗教の問題の論じかたに深みや幅がある。そこがシュライアマハーの魅力です。

佐藤——全面的に賛成です。彼はハイブリッドなのですね。どちらか一方をガッと進むのではない。

深井——だから私は、この『宗教について』を最後まで読むといつも、「彼はこの本を誰に向けて書いたんだろうか」と思うのです。もちろん副題には「宗教を侮蔑する教養人のための講話」と書いてある。しかし実際にはそうではなく、教会の内部にいて、教会をとり仕切っている当時の牧師や監督といった人々に対して書いているのではないか。なぜなら宗教を侮蔑する人は、この本を最初から読

革派に転向。一八六一年から一八九九年までウィーン大学で組織神学の教授を務める。著書に『教義学』（一八八七年）がある。

【61】**小林敏明** 一九四八― 。ライプツィヒ大学教授。哲学博士。専門は精神病理学。著書に『西田幾多郎——他性の文体』（太田出版）、*Melancholie und Zeit* (Stroemfeld, Frankfurt a. M.) 他多数。

【62】**ヘーゲル** ゲオルク・ヴィルヘルム・フリードリヒ・ヘーゲル。一七七〇―一八三一。ドイツ観念論哲学の大成者とされ、世界の歴史を絶対精神（≒神）の自己展開の過程とみる。その歴史の段階的発展説や発展の法則としての弁証法は、マルクスらにも大きな影響を与えた。

著書は『精神現象学』『（大）論理学』『エンチクロペディ』『宗教哲学講義』など多数。このうち『エンチクロペディ』は、講義で使う教科書として企図されたもので、（小）論理学、自然哲学、精神哲学の三部からなり、きわめて形式的な体系を持っている。

まない。

佐藤――深井先生の解説を読んで私もそう思いました。「宗教を侮蔑する教養人のための講話」というかたちにして、いわば安全弁をつけた。「いまの教会指導部に対する根源的批判」なんて副題にしたら、めんどくさいことになる（笑）。シュライアマハーの特徴は、めんどくささを避ける傾向があることだと思うのです。

たとえば、シュライアマハーは『神学通論』のなかで、聖典には旧約聖書はいらないと言っている。しかし教会の平和のために、当面は維持してかまわない、とも言っている。神学的にはいらないと思っていても、教会の平和のためにはやむをえない、というふうに原理的な問題でも簡単に譲るのです。これは彼のたぐいまれなるバランス感覚ですよ。

深井――後年の『信仰論《グラウベンスレーレ》』についていうと、シュライアマハーがこのような書き方をした理由のひとつは、王さまの命令です。ひとつ例をあげれば、王さまと王妃【68】の教派が違うので、日曜日の礼拝で一緒に聖餐にあずかれない。その状況を解消しろと命じられたのがシュライアマハー。一般の人は誰もそんなことができるわけがないと思っているのですが、やってしまうのが彼なんです。彼はサロ

【63】**法華一乗主義**　仏の教えはさまざまであるが、成仏を説く法華経の教えが最高にして唯一の真実の教えであって、そのほかは方便として説かれた仮の教えにすぎないとする天台宗や日蓮宗の考えかた。

【64】**シェリング**　フリードリヒ・ヴィルヘルム・ヨーゼフ・フォン・シェリング。一七七五―一八五四。ドイツ観念論の哲学者。長らくヘーゲルの先駆者、あるいは、カントとヘーゲルを結ぶ中間項のように扱われていたが、現代では、現実存在を追究するその後期思想（積極哲学）の独自の価値が見なおされている。著書に『人間的自由の本質について』『啓示の哲学』など多数。

【65】**金融資本主義**　資本主義が発展したすえに、実体経済とは直接関係のない投機や投資といった金融部門、あるいは消費市場よりも金融資産市場が、経済全体に大きな影響を与えるにいたった段階。

【66】**リーマン・ショック**　アメリカの住宅バブル崩壊によってサブプライムローンなどの証券・資

ンにも行くし、教会にも行くことができる。それが彼のふしぎな力なのです。物事をいままでと違った視点から論じてみせますから、従来の方法で考えてきた人は彼がきらいで、否定したくなるのです。

佐藤――当時は一八世紀の終わりから一九世紀にかけての教養人の時代だったから、という印象も持ちます。あの時代の教養人は、そういうアクロバットができる。

深井――そうですね。

佐藤――もうひとつ、当時のプロイセンあたりだと、王さまとの距離が近かったのではないかとも思います。「おい、王さま」とまでは言わないでしょうけれど（笑）、みんなわりあい気軽に声をかけるような距離感だったのではないかな。

深井――そうなんですか。

佐藤――現在のスウェーデン王【69】もそうです。「王さま、元気？」みたいに街なかで声をかけられる。日本でも江戸時代の京都では、「天皇さん、何してんですか？」って民衆が話題に出すような、そういう天皇でした。王さまがそんなに高みにあがっていない時代といえばいいのかもしれません。

産価格が暴落、多くの金融機関が危機に瀕するなか、二〇〇八年九月、アメリカの投資銀行であるリーマン・ブラザーズが負債総額六〇〇〇億ドルで倒産、それをきっかけに世界各国が連鎖的な金融危機に陥った事件。

【67】金融工学　金融商品の価格やリスクを数学や統計学の手法を用いて分析し、取引の意志決定やリスク管理を行い、あるいは新しい金融派生商品の開発に生かす学問。確率微分方程式を用いて、デリバティヴの理論的な価格を導きだすブラック・ショールズ方程式が有名。

【68】王さまと王妃　プロイセン王フリードリヒ・ヴィルヘルム三世（一七七〇―一八四〇。在位一七九七―一八四〇）とその妃メクレンブルク＝シュトレーリッツ公女ルイーゼ（一七七六―一八一〇）のこと。王は改革派、王妃はルター派。一七九三年に結婚。ルイーゼは美しく、王は愛人を持つこともなく、夫婦仲は良好だった。一八〇六年にプロイセン軍はナポレオン率いるフランス軍に敗北、王家がケーニヒスベルクに逃れると、

世界像の転回

佐藤――ひとつ確認したいのですが、形而上学との関係において、シュライアマハー当時の教会の世界像はどんなものだったのでしょうか。天国や地獄があって、はるか雲の上に神さまがいると思っていたのでしょうか。

深井――はるか雲の上かどうかはわかりませんが、シュライアマハーの時代にはまだ、「われわれが生きている世界とは別の場所」という設定があったと思います。シュライアマハーよりあとになると、それは天ではなくて、心のなかになってしまっている。

佐藤――私はこの転回の持つ意味は凄く大きいと思う。カトリック教会は現在もまだできていないことです。たとえば聖母被昇天[70]というとき、肉体のまま引きあげられたマリアはどこにいるか。心のなかにマリアがいるわけではない。

深井――たしかにそうは言いませんね。

佐藤――ということは、カトリックには（イデアの世界と物質世界のような）二元論があって、神学的には近代以前の形而上学が維持されていることになる。

王妃ルイーゼは講和のために奔走、ティルジットでの講和交渉にも同席してナポレオンと面会、少しでも有利な講和になるよう努力し、ナポレオンはルイーゼの魅力を皇妃ジョセフィーヌへの手紙に書き綴ったとの逸話が残る。

【69】**スウェーデンの王さま**　スウェーデンのベルナドット王朝は、ナポレオン麾下の将軍ジャン＝バプテスト・ベルナドット（一七六三－一八四四）が、子どものいないカール一三世（一七四八－一八一八）の養子になり、一八一八年にカール一四世として即位したことにはじまる。現在の同王朝第七代カール一六世グスタフ国王（一九四六－在位一九七三－）は、スポーツ観戦が趣味で、車好き。風俗通いのスキャンダルで世間を騒がしたこともある。

【70】**聖母被昇天**　聖母マリアが地上の生活の終わりに「死に打ち克ち、霊魂も肉体も共に天国の栄光にあげられ、そこで『万世の不朽の王』（テモテ一1・17）であるそのひとり子の右に、輝かしい女王としての位置を占めている」というカトリックの教義。教皇ピ

深井――そうですね。

佐藤――シュライアマハーは心のなかに神の居場所を転回したことによって、自然科学がどう発展し、宇宙像がどうなっても関係ないようにしたわけです。

問題は、神の声や啓示と、たんに心のなかで思っているだけのことを、原理的に区別することができるかどうか。おそらくこの場面で「感情」が鍵になると思う。感情は外部的ですからね。しかしその結果として一種の心理学主義が生じているのはたしかで、「神なき人間中心主義」に陥りかねないのです。第一次世界大戦のような破局に行きついてしまう人間の自己絶対化、人間主義になってしまうのではないか。

でも私は、シュライアマハーは頭のいい人だから、その危険に対する防衛措置を働かせていると思う。それを読み解いていくのが、この『宗教について』を読む意義のひとつだと思っています。

オ一二世が教皇令「いと寛大なる神」において宣言した。（引用は同教皇令より。デンツィンガー『カトリック教会文書資料集』エンデルレ書店を参照）

ルーベンスの「聖母被昇天」

敬虔主義と聖霊の自由

敬虔主義からネオロギーへと進み、啓蒙主義に至るということですが、敬虔主義はどうして生じたのか伺いたいと思います。イギリスやフランスといった他の国の影響を受けて起こったのか、それともドイツ国内からそういう気持ちが湧き起こったのか。

深井――敬虔主義から啓蒙主義へ向かう展開の他の国からの影響ということですね。

佐藤――その時代は、まだ国民国家《ネイション・ステイト》が確立していないので、国のあいだの移動は結構自由だったのです。たとえば、その少し前、一五世紀にボヘミアでフス派が反乱を起こしましたが、彼らはウィクリフテン、つまりウィクリフ主義者といわれました。ウィクリフ【71】は一四世紀、イギリスのオックスフォードの神学者。一見関係ないように見えますが、当時は国家間の移動がわりあい自由でしたから、

【71】**ウィクリフ**　ジョン・ウィクリフ。一三二〇頃－一三八四。イングランドの神学者・聖職者。カトリックの教義に疑問を持ち、聖餐における実体変化説（化体説）や修道院制度を批判。聖書を英語に翻訳したことでも有名。一四一四年のコンスタンツ公会議で異端と宣告され、翌年、彼の書物は焚書にあった。また一四二八年に遺体が墓から掘り起こされて燃やされ、灰は川に投棄された。

【72】**実念論**　普遍実在論。プラトンのイデア論の流れを汲み、一般名詞や言葉に対応する普遍者が実在するという考えかた。たとえば個々の人間を超えて、「人間」の形相（イデア）が実在することになる。アンセルムス、トマス・アクィナスなど中世の神学者の多くは実念論者である。

みんな肌の合う大学で勉強するので、国家を超えた結びつきができるのです。

中世は最初、実念論《リアリズム》【72】が主流だったけれど、中世後期には唯名論【73】になる。もっとも私たちがいま考えているような唯名論が本当に存在したかどうかは議論がありますが、それはともかく、プラハのカレル大学【74】とオックスフォード大学だけは中世の後期になっても実念論が強かった。だからこの両校には交流があったし、いまでも交流がさかんです。オランダとスコットランドは現在でも交流がさかんですが、これはどちらの地域も改革派・長老派（いずれもカルヴァン派）が強いからです。

同じように、敬虔主義運動はドイツにもあるし、オランダにもあります。少し違うかたちでイギリスにもある。ボヘミア、チェコもあるし、ポーランドにもある。あるいはフランスにも、ユグノーのなかにそういう傾向の人々がいる。

だから敬虔主義はとても幅広い運動なのです。その核心は救済にある。「おれはこの教会に行っていて救われるのだろうか」という心の動きがある。

カトリックだと「(唯一の教会たるカトリック）教会の外に救いはない」【75】というかたちではっきりしていますが、プロテスタントにはさまざまな教会がありますから、確信が持ちにくいのです。

【73】**唯名論**　実念論の反対で、感覚でとらえられる具体的個物だけが存在し、普遍者はただの言葉、あるいは音声にすぎないとする考えかた。アベラールやウィリアム・オッカムなどが有名。

【74】**カレル大学**　プラハ大学。一三四八年に神聖ローマ帝国皇帝カール四世が創立。宗教改革者ヤン・フスが総長を務めたこともある。フス戦争の終結後、大学特権を剥奪されるが、一九三八年に再興され、紆余曲折を経ながらも現在にいたる、チェコ最大・最高の大学である。

【75】**「教会の外に救いはない」**　ラテン教父キプリアヌス（生年不明–二五八）の言葉。キプリアヌスはカルタゴの司教で、迫害のなかで教会の一致を求め、分派運動や教会外の洗礼、棄教した信者の救済の問題などに対処したが、二五八年に殉教。

【76】**ニカイア・コンスタンティノポリス信条**　三二五年にアレイオス派を排斥した第一ニカイア公会議で定められたニカイア信条（原ニカイア信条）を受け、三八

さらにいえば、敬虔主義《ピエティスムス》の根本には、聖霊理解があると思います。聖霊の自由な働きを広く認めるかどうかに関係するのではないか。これは「フィリオクェ」問題と大きく絡んできます。

東西教会が分裂した大きな原因のひとつに、ニカイア・コンスタンティノポリス信条【76】のなかの聖霊の発出について「フィリオクェ」【77】という文言が入るか入らないかという問題がありました。信条のもともとの文言には入っていないのに、西方教会は「フィリオクェ」を入れた。では、それによってどんな効果が生まれたのか。

キリスト教において、われわれは父（なる神）についてどうやって知るのか。子を通してしか知らないよね。聖霊が父と子から出るならば、聖霊も子を通して知るはずです。

さて、「わたしは、すぐに来る」【78】と言って、キリストが昇天してしまったあと、イエス・キリストはどこで担保されているのか。それは、教会がキリストの花嫁だから教会です。聖霊は教会に満ちている。聖霊と出会う場所は教会であり、教会以外に救いはなくなる。つまり聖霊の場所を限定して組織を維持するために、「フィリオクェ」が絶対に必要だった。

一年のコンスタンティノポリス公会議で定められた信条。父なる神と子なるキリストの同一本質（ホモ・ウーシオス）を定める。四つの公同信条（使徒信条、ニカイア・コンスタンティノポリス信条、カルケドン信条、アタナシオス信条）のひとつであり、東方正教会とも共通する根本信条であるが、西方教会の信条は、東方正教会のものとは、「フィリオクェ」以外にも、「わたしは……信じます」と主語が単数であることや、「神よりの神」という語句があることなどの違いがある。

【77】「フィリオクェ」 filioque 「子（から）もまた」という意味のラテン語。

【78】「わたしはすぐに来る」 黙示録22・7、22・12、22・20などを参照。

ところが、東方教会のように「父から発出する」だけであれば、仏教徒でもイスラム教徒でも、聖霊の働きが（父から）ストレートに降りてくることによって救われることがありうるはずです。教会に行くか行かないか関係ない。たとえばロシアは、この聖霊の自由な働きを強調するから、昔から異端が生まれやすい。教会に所属しなくてもストレートに聖霊が下りてくる。

結局のところ、「教会の外に救いはない」というカトリックの論理が宗教改革で崩れ、教会が独占していた聖霊も、独占できなくなってくる。このプロセスが敬虔主義の発生と関係があるのではないか、私はそう思っています。

深井——その関連でいいますと、敬虔主義《ピエティスムス》の人は聖霊に祈るのです。教会のお祈りでは、「父よ」とか「イエス・キリストの名によって」とは言いますが、聖霊に直接祈ることはあまりない。しかし敬虔主義（ピエティスムス）のお祈りは、むしろ聖霊への祈りが強調されますね。日本の敬虔主義の人も、「神さま」とか「イエスさま」というのと同じように、「聖霊さま」というのです。聖霊に対する人格的な祈りがある。

佐藤——でも、（聖霊が教会を通さずストレートに下りてくるとすると）今度は汎神論にもつながりかねない。日本の無教会派にも敬虔主義に近いところがありますが、それが汎神論的に解釈されて、日本の自然とか伝統、あるいは自然と結びついた神道に対する肯定的な評価になるならば、キリスト教と神道のシンクレティズム【79】が生じる。だから「聖霊の自由な働き」は重要な問題だと思います。

深井――それは興味深いご指摘です。

佐藤――ポイントは、キリスト教は救済宗教だということです。「あの牧師先生、立派な神学教育を受けていて、すばらしい聖書の釈義をするんだけど、先生の話を聞いても救われた気にならない」となってしまえば、教会は成り立たない。

カトリックの場合であれば、どんなに腐敗した神父だろうが、大事なのはミサに参加することだから、ミサのときに聖餐にあずかれば救われる。プロテスタントは神の言葉だから、あの先生の言うことで救われると思えなければおしまいです。

信仰と知識のすりあわせ

深井――もうひとつ、情報や教養、あるいは、学問の進歩とも関係があると思います。ティリヒが注目したことですが、さきほど佐藤先生が世界観とおっしゃっ

【79】**シンクレティズム** 複数の宗教的伝統が結合し混じりあった信仰の形態。例として、神道と仏教が混淆した日本の神仏習合や、ヘレニズム期におけるギリシア・ローマの神々とオリエントの神々の習合などがあげられる。

【80】**アウシュビッツ** 一九四〇年以降ナチスが、ユダヤ人をはじめとする人々（ジプシーや精神障害者なども含む）を収容するために、ポーランド南部のオシフィエイチム郊外につくった収容所の総称。第一収容所のほか、第二収容所ビルケナウ、第三収容所モノビィッツの三つの収容所があり、強制労働、銃殺・ガス殺、人体実験などが行われた。

【81】**リッチュル** アルブレヒト・ベンヤミン・リッチュル。一八二二―一八八九。ドイツのルター派の神学者。ボン大学神学部をはじめ、さまざまな大学に学び、ゲッティンゲン大学教授を長く務めた。カント哲学に強く影響を受け、神学を形而上学から解放し、「神学の倫理化」を遂行した。著書に『義認と和解』『神の国とキリスト者の生』（邦訳、春秋社）

たように、キリスト教会の説明する世界観が崩れていく時代には、どうしても疑問や懐疑が生じます。「死んだら天国に行く」といった世界観でみんなが納得できた時代には、教会の権威は揺らがなかった。牧師が少々変な説教をしても、そういうものだと思って受け入れられたでしょう。

しかしこの時代になると、学校で勉強すれば、自分たちが生きている大地は球体であることや、そのまわりに広大な宇宙がひろがっていることを知ります。遺伝のしくみもわかってきて、「なんだ、オヤジとおれが似てるのは、神さまのみわざじゃなくて遺伝か」といった説明を習うのです。そうすれば、これまで聖書で読んできたことや教会の牧師の説教で聞いてきた話と矛盾が生じ、その矛盾がどんどん増えていく。それはメディアとか出版が拡大したからです。

私は出版社の研究をずっとつづけていますが、シュライアマハーの時代に出版や新聞が大幅に増えている。それはフランス革命があったからです。みんな情報が欲しくなった。でも、フランス革命の情報だけを雑誌にしたのでは儲からないから、ほかの情報も掲載するようになり、その結果、一種の知的読みものが増えました。それを読んで一般の人たちもだんだん啓蒙されていく。とはいえ、あまりキリスト教について考えていない人は、「ほう、そういうものか」と思うだけ

『古カトリックの成立』など。

【82】**カント** イマヌエル・カント。一七二四―一八〇四。ドイツの哲学者。ケーニヒスベルク大学哲学教授。いわゆるコペルニクス的転回によって認識論に転換をもたらし超越論哲学を創始したほか、道徳哲学における義務論、美学、政治哲学、宗教哲学など多大な業績を残したドイツ最大の哲学者のひとり。著書に『純粋理性批判』『実践理性批判』『判断力批判』『永久平和のために』『単なる理性の限界内での宗教』など多数。

【83】**ライプニッツ** ゴットフリート・ライプニッツ。一六四六―一七一六。ドイツの哲学者・数学者・官僚・外交官。モナド論や予定調和説、不可識別者同一の法則（ライプニッツの法則）、可能世界意味論の先駆者としても知られる。数学では微積分法の発見者のひとり。著書に『単子論』『形而上学叙説』など。

【84】**モナドロジー** モナド論、単子論。ライプニッツの主著『単子論』（邦訳、岩波文庫他）で展開された考えで、モナドは宇宙の究

なんです。

　しかし信仰について真剣に考えている敬虔主義者《ピエティスト》たちは、自分が信じていることを捨てたくはないが、出版物や学校の先生が教えてくれる理性的・科学的なことも無視できないので、両者に分離されると困る。だから両者は本当に違うものなのか、両者はどれぐらい和解できるのか、どれくらい関係しているのかを、自分で確かめようとする。それがネオロギーと呼ばれた人たちで、理性を先生として、自分で実験してみるのです。

　私は学生に説明するとき、ナチスはアウシュビッツ【80】で、人間はどのくらい血液を抜いて生理的食塩水に入れ替えても生きていられるか、という実験をしたという話をします。ナチスの悪行のひとつですが、敬虔主義者たちは、それと同じようなぎりぎりの実験を信仰でやったわけですね。どれくらい自分の信仰を理性に委ねても、信仰が維持できるかという実験をやった。

　ある人たちはこれは無理だと思って引きかえした。この人たちはごちごちの敬虔主義者《ピエティスト》になった。ある人たちは理性のほうにぜんぶ委ねることにした。それがネオロギーから生じた啓蒙主義者たちです。啓蒙主義者たちはもう敬虔主義《ピエティスムス》とは縁を切っていますから、敬虔主義も批判するし、教会制度も批判するのです。


極の構成要素にして不可分・不滅の単一実体。欲求と表象を持ち、モナド同士は独立していて相互作用できないが、神の創造時にモナドの全歴史があらかじめ決定されていることによって、モナドは世界のすべてと対応し調和している（予定調和）などとする世界観。神の経綸を擁護し、機械論と目的論の調和をめざしたもの。（黒崎宏『悪の起源――ライプニッツ哲学へのウィトゲンシュタイン的理解』春秋社などを参照）

【85】ニュートン　アイザック・ニュートン。一六四七―一七二七。イングランドの数学者・物理学者。万有引力の発見や古典力学の確立、微積分法の発見など、近代科学への貢献は膨大である。造幣局長官も務め、贋金造りの摘発に邁進、錬金術にも情熱を注いだ。聖書研究にも熱心だった。

【86】リーマン　ゲオルク・フリードリヒ・ベルンハルト・リーマン。一八二六―一八六六。ドイツの数学者。ハノーファー王国で牧師の子として生まれ、ギムナジウムでは熱心に聖書研究に励み、さらに牧師になるため神学と文献学

佐藤——納得できる流れですね。それでは理神論（deism）との関係はどう整理しますか。

深井——理神論は、科学と信仰を調停するひとつの合理的な説明だと思います。シュライアマハーの後の世代のリッチュル[81]は、宗教の場所を完全に心とか倫理、道徳性に持っていきます。これにはカント[82]の影響もありますが、同時にリッチュルが宗教を道徳化しようとしたときに意識したのは理神論的な傾向でした。

リッチュルの考えていた理神論がおそらく、この時代のドイツの人たちの理神論だと思うのですが、イギリスの理神論とは少し違うところがある。ドイツの理神論は、神は創造行為のあと、この世界のことはぜんぶ慣性の法則に委ねたと考えます。

佐藤——（神の創造行為は）最初の一撃になるわけですね。

深井——そうです。最初に創造はしているけれど、そのあとの運行は慣性の法則、つまり自然法則に任せる。こう考える利点は、神と現実世界の直接の関係がなくなることです。創造はしたけれど、現実の世界で起こっている悪やそのほかの問題は、神の責任ではない。世界は自立し、自己発展しているのですから。

佐藤——神義論的な問題は一応解決する。

の勉強をはじめた。一八四六年、父親はリーマンに神学の学位をとらせるためゲッティンゲン大学へ送りだしたが、ゲッティンゲン大学ではガウスのもとで数学の勉強をはじめ、父親の許しを得るとベルリン大学に転学し、数学に邁進した。一八五四年の「幾何学の基礎にある仮説について」でリーマン幾何学を確立。さらにアーベル関数の理論など赫々たる業績をあげた。

【87】ユークリッドの公準　紀元前三世紀頃のアレキサンドリアの数学者ユークリッド（エウクレイデス）の『原論』は五つの公準を定めるが、ここではその第五公準、いわゆる平行線公準のこと。ある一本の直線と二本の直線が交わって、どちらかの側の内角の和が二直角より小さいとき、二本の直線を延長していけば、その内角の和が二直角より小さい側で交わる、というもの。

【88】ゲーデルの不完全性定理　オーストリア出身の数学者クルト・ゲーデル（一九〇六–一九七八）が一九三一年に発表した定理。帰納的公理化可能な数学の形式的

深井――しかし、神は世界の外にいるから介入はできるのです。神が世界に働きかけたり、啓示することを担保できる。これはリッチュルにとっては納得できる考えかたで、これで問題は解決できると思った。しかもリッチュルは、神の啓示は隕石みたいに降ってくるのではない、啓示の場所は心だ、と説明したわけです。

佐藤――神は世界を創造し、そのあと世界は慣性によって動くというならば、原理的には、その慣性をとめる力も神にあるはずだということですね、ライプニッツ【83】とも近づいてくる。モナドロジー【84】からいえば、モナドは神以外にはつくることができないし、消失させることもできないが、モナドになったあとはおたがいに切磋琢磨して、大きくなったり、小さくなったりしているというのですから。

こういう思想の動向は、数学における微分の発見とパラレルではないかと思います。ニュートン【85】にせよライプニッツにせよ、数学史は、実は、神学との関係という文脈から見るとおもしろい。

たとえばリーマン幾何学です。なぜリーマン【86】は平行線が交わると思ったのか。私の仮説をいうと、リーマンはルター派の牧師の子なのです。最初神学を勉強していて、それから数学に移った。

平行線が交わるという発想は、イスラム教やユダヤ教ではたぶん出てこないと

体系がω矛盾であるなら、証明も反証もできない命題が存在する（第一不完全性定理）。そのような体系が無矛盾であれば、みずからの無矛盾性を証明することはできない（第二不完全性定理）。なお、ω無矛盾でなく通常の無矛盾でも不完全性定理が成立することがロッサー（一九〇七―一九八九）によって示されている（ロッサーの不完全性定理）。

【89】パラダイム　パラダイムとは科学史家・科学哲学者トーマス・クーン（一九二二―一九九六）が提唱した概念で、ある時代の科学者共同体にとっての研究の規範・指針となる理論的枠組みであり、事実が理論から独立していることを否定する。コペルニクス革命のように古いパラダイム内で処理できない問題が蓄積すると、パラダイム転換（パラダイム・シフト）が起きるが、異なるパラダイム間では記号や用語の意味さえ共有されないともいわれる（共約不可能性）。

思うのです。しかしキリスト教であれば平行線が交わってもいい。なぜならイエス・キリストは真の神にして真の人ではないですか。それで平行線は交わるのではないかと考えていたら、ある日はたと、球面上で考えればいいのではないか、そうすれば交わるのではないかと考えついた。これでユークリッドの公準[87]の問題を解決することができた。

そんなふうに、数学の歴史を見ていると、何か起きるときには必ず背後に神学的な出来事がある。第一次世界大戦におけるヨーロッパの秩序の崩壊で、神学ではカール・バルトが登場しました。数学ではゲーデルの不完全性定理[88]が発表された。秩序の崩壊とパラダイム転換[89]が密接に関係している。

だから神学は、総合学として非常におもしろい。シュライアマハーはうまく時代のパラダイム転換に寄り添い、上手に整理した。彼が失敗していたら、プロテスタンティズムは生き残れなかったかもしれない。そんな感じがします。

第1章

弁明

『宗教について』第一講話

シュライアマハーが語りかける人々

佐藤——シュライアマハーの『宗教について』に具体的に入っていきましょう。第一講話「弁明」、まずここから話していきたいと思います。シュライアマハーは冒頭のほうでこう言っている。

みなさんは人類と祖国、芸術と学問さえあれば十分で、これであらゆるものを包括できると信じているようです。（四頁。以下、頁数はすべて『宗教について』深井智朗訳、春秋社のもの）

この「みなさん」とはどんな人を想定してるのか。それから、シュライアマハーはこれをまじめに言っているのか、それとも皮肉で言っているのか。

深井——「みなさん」という訳語でよかったかどうかは別として、ここで「みなさん」と呼びかけていること自体はたぶん皮肉だと思います。

佐藤——私もそう思います。

若きシュライアマハー

深井――副題からすれば、一応、啓蒙主義者たち――宗教を侮辱する人たち――ということになりますが、実際に相手にしているのは、この当時の教会の人たちですから。

佐藤――人類と国家と芸術と学問、それに科学技術を加えれば、すべてが包括できると考えている人たち――二一世紀のわれわれも大体そう思っていますが――ではないわけですね。

深井――そうです。もちろんそのような人たちのことを言っているのですが、他方でこれは、この本を読むときのひとつの重要な問題で、教会の外にいる宗教を侮辱し、軽んじている人々を批判しているというスタンスをとりながら（その意味では教会内部の人々を欺いて）、実際には現在の教会の体たらくを批判してるわけです。なぜ聖職者や教会関係者への批判だと思うかといえば、本書を書いているころのシュライアマハーには宗教が「制度」になってしまっていることへの批判があるからです。毎週日曜日に礼拝をし、教会でお祈りを捧げていれば満足な人たち、教会が国家の宗教的な機関、強制団体《アンシュタルト》（Anstalt）のひとつになっていて、それで安心している人たちを揶揄しているのではないでしょうか。

佐藤――次にシュライアマハーはこう言っています。

もちろんこれはまったく自発的な告白です。(六頁)

ここで告白《モノローゲン》という文学形態ないし形式は、シュライアマハーにとってどういう意味を持っているのでしょうか。教会で行う信仰告白とはまた違う概念ですね。

深井――そのとおりです。これは、その前にある言葉、

ここで私自身もこの宗教団体の一員であることをみなさんの前にまず告白しておきたいと思うのです。(同)

を受けていて、これから自分はいろいろと説明するが、自分自身もこの教会の一員だ、自分の問題だということをまず言っている。

佐藤――「自発的な告白」といって内発性・自発性を重視しているのは、きわめて近代的に感じられます。

深井――なるほど、そういうことですね。この時代のシュライアマハーは制度がいやなのです。制度に対するアンチテーゼです。告白の世界は神と私の世界、

「あなたがここにいて私がいる」世界であって、制度とか規則とか決めごとの世界ではない。そういう感覚がこの本をずっと支配している。

佐藤——疎外論【1】的な考えかたがすごく強い。本来の信仰が制度化されることによって疎外されてしまった。それをどうやって本来のものに戻せるのか、という。

深井——少し話が飛躍するようですが、バルトのシュライアマハー批判と、バルトのフォイエルバッハ【2】に対する逆説的な評価は、ちょうど裏返しの関係になっています。だからバルトの場合、シュライアマハー論とフォイエルバッハ論を両方読まなければいけない。バルトが「フォイエルバッハは正しい」「フォイエルバッハこそ本当の神学者だ」などと言うときは、制度化された宗教に対する批判なのです。

佐藤——だから逆説的なのですね。バルトが晩年『シュライアマハー選集』に寄せたあとがきでは、だいぶんトーンが変わっています。加藤（常昭）さんが訳した。

深井——そうですね。

佐藤——バルトに関して勘違いしがちなのは、バルトとシュライアマハーを対立的に理解してしまうことです。たしかに私たちが神学生だった頃は、そういう理

【1】疎外論　自己が生みだしたものが自己から独立し対象化されることで、逆に自己に逆らい、あるいは自己を支配し、それによってあるべき本質が失われていく状況を説明する理論。貨幣は人間が発明したものなのに、逆に人間の生活を支配しているなど。

【2】フォイエルバッハ　ルートヴィヒ・アンドレアス・フォイエルバッハ。一八〇四－一八七二。ヘーゲル左派を代表するドイツの哲学者。唯物論者。激しいキリスト教批判を展開し、『キリスト教の本質』（邦訳、岩波文庫）では、神は人間の感情や願望の投影であり、人間がつくりだしたものにすぎないとする。

解の仕方が主流でした。しかしよく掘りさげて考えてみると、そもそも対立する存在ではない。シュライアマハーの敷いた土俵の上で活動しているのが、二〇世紀の神学者なんですよ。シュライアマハーを超克できてはいない。

深井——まったくそのとおりです。「絶対他者としての神の自己啓示」とバルトが言うのと、シュライアマハーが「直観」と言うのは、まったく別のことを言っているようですが、結論からすると同じ構造をもつのです。どちらも教会という制度を媒介しない宗教性です。

佐藤——「絶対依存の感情」も、感情は自分では整理できないから、やはり外部的なものになる。バルトのいう「上にいる神」も、形而上的な「上」ではありません。物理的な「上」でもない。レヴィナス[3]なんかが言うところの「外部」です。

深井——「絶対他者」ですから「外部」ですね。

佐藤——バルトの仕事はもしかしたら、シュライアマハーのパラフレーズといえるかもしれません。

深井——それは新しい視点ですね。初期のバルトと初期のシュライアマハーを見るとよくわかります。バルトもある段階になると教会概念について一生懸命考えるようになりますが、シュライアマハーもそうです。もちろんふたりの考えかた

【3】**レヴィナス** エマニュエル・レヴィナス。一九〇六—一九九五。フランスのユダヤ系哲学者。フライブルク大学でフッサールやハイデガーに師事。第二次大戦では兵役に就き、ドイツ軍の捕虜となって抑留生活を送る。戦後はスイスのフリブール大学哲学科教授などを務めた。ユダヤ思想や実存主義を背景に、絶対他者との関係としての倫理学を構築した。

は明らかに違います。しかし彼らが神学をはじめたときに立ち向かっていたものや、彼らが最初に獲得した神学的な直観には同じところがある。

佐藤――たしかに似ていますね。バルトのなかにも敬虔主義《ピエティスムス》的なところがありますし、もしかしたら父親の影響でファンダメンタリズムに近いところもあるのかもしれない。

深井――ファンダメンタリズムまでいくかどうかはわかりませんが、そういう傾向はたしかにあります。いわゆるポジティーフの伝統です。バルトは自分のなかにあるリベラリズムを「神の自由」という言いかたに置き換えることで、よりラディカルにしたのです。

佐藤――たとえばバルトは、『ローマ書講解』の序文で、文献学的な聖書批評と霊感説[4]の二者択一を迫られたら霊感説をとると言っている。そのような選択を迫られないことが幸いなのだが、と留保はつけていますが、これは彼の本音ですよね。

【4】**霊感説**　逐語霊感説。聖書の一字一句が神の霊感によって書かれたものとする説。

シュライアマハーのロマン主義

佐藤――このあとシュライアマハーの本音が現れているようなところがあります。

それはいわば神的召命なのです。それは宇宙における私の位置を定めるものであり、私を私自身にするものなのです。(七頁)

この「宇宙における私の位置を定める」というのは、神の場所の転換に関係する重要なポイントのように感じます。これと文脈的につながりますが、

まずあらゆることを自らの前に置き、それらを彼らの精神によって特性付けられた独自の小世界へと取り入れ、……(一二頁)

という認識があり、そのつぎに仲保者の話を出して、それらを批判する。

仲保者は、理想主義者のように行動するのではなくて、彼の吟味とひらめきによって、あらゆるものを包括し、既に自ら見出した宇宙のほかには、どのような限界をも知らないからです。(一三頁)

このあたりのキリスト論も秀逸だと思います。

深井――彼はあえて仲保者【5】という言いかたで、ひとつの論理を説明していこうとします。宇宙と小宇宙(小世界)と言っていますが、小宇宙とは「私」ですから、心のことです。シュライアマハーはここで理神論なども含めた議論をしなくてはならないと思っている。宇宙の運行にもひとつの神の摂理を見ているわけです。

別にキリスト教でなくたってみんな感じるはずです。世界の運行とか、秩序とか、そういうものをつくった何かがある。つくられた何かがある。永遠の真理がある――これはとてもロマン主義的な考えかたです。ロマン主義の特徴は、他方で普遍や永遠の真理が、個に現れでているということです。したがって私にも現れでている。だから私も普遍を認識できる。ただし、そこには媒介が必要ではないかという議論になる。

媒介するものはいろいろ考えられて、たとえば自然、あるいは血でも、大地で

【5】**仲保者** 仲保とは仲立ち・媒介をすることで、仲保者とは、キリスト教で神と人を仲介し和解する者、すなわちイエス・キリストを指す。

もいい。何でも媒介できるわけです。では、それらと違う媒介できるものが何かあるか。

これははるか昔からの人間の経験的思考なのです。シュライアマハーはその土台に立って、彼自身の論理を説明していこうとしている。

佐藤――媒介という概念はキリスト教の強いところですね。なぜイエス・キリストが神に純化してしまわないかといえば、われわれは罪人であるので、キリストがあまり神に純化すると、われわれとあまりにも異質になって、確実性が担保されなくなってしまう。救済の担保ということを考えれば、キリストは人間に近づいていていないといけない。シュライアマハーもそこを考えている。

あと、シュライアマハーの発想はエンチクロペディ的だと思います。全体でひとつの円環をなした知を形成することができるという考えかたです。ロマン主義も関係するのかもしれませんが、宇宙全体を直観する。直観は言語化できる。そこで閉じた体系をひとつ提示する。単なる博識ではだめで、体系知でなければいけない。そして、体系化の思考はこの本にかなり出てくる。たとえば「閉じられた円環」(一一頁)なんて言葉も出てきます。

あるいは、次のような箇所はどう読めばいいんですか。

みなさんこそが、聖であり、神的な事柄を受容し得る感覚に目覚めていて、その力をもった唯一の国民であり、またまさにそれに値する人々であるという私の内的な確信からくるものなのです。（一八頁）

これはドイツ論ですよね。さっき深井先生がおっしゃっていた、フランス型の啓蒙主義とは違うということでしょうか？

深井――これもまさにロマン主義的であり、ナショナリズムと結びついた啓蒙主義的な表現だと思います。「聖」とか「神聖」というのは、いってみればベートーヴェン【6】の第九交響曲【7】的なモチーフであって、国民が聖なのです。ドイツという民族性が聖なのです。アドルノが指摘しているように、ベートーヴェンとヘーゲルは同じ年に生まれている。シュライアマハーはその二年前です。彼らには宇宙全体と民族性が同居している。シュライアマハーを含め、この時代の人々はこういう意識を共有していました。「傲慢なあの島」（一八頁）という表現も出てきますね。これはもちろんブリテン島、つまりイギリスのことで、ドイツはイギリスとは違うのだというのです。

【6】**ベートーヴェン**　ルートヴィヒ・ヴァン・ベートーヴェン。一七七〇－一八二七。ドイツの作曲家。日本では楽聖と呼ばれ、古典派の大成者にしてロマン派の先駆者。二十代後半から難聴が徐々に悪化し、ついにまったく聴力を失うに至るも、第九交響曲などの傑作をつくりつづけた。

【7】**第九交響曲**　交響曲第九番。ベートーヴェン最後の交響曲で、第四楽章に大規模な声楽が付され、その歌詞はシラーの「歓喜に寄す」からの抜粋で、全世界の人間を同胞とする人間讃歌と星辰の上の神を崇める内容になっている。

佐藤――その次にたいへん大事な表現があります。

そうではなく宗教がまさにみなさんの心情に語りかけるあの内面的な深みへとみなさんを導きたいのです。(二二頁)

これはこのあと議論する第二講話の議論へのいい頭出しになっていますね。

深井――佐藤先生がおっしゃったように、これはひとつの中心的なテーゼです。

使い古された言いまわしかもしれませんが、シュライアマハーは「死んだ宗教」とか「魂のない宗教」はだめだと思っている。ドイツのキリスト教は、他国と比べれば、教会も立派、制度も立派。プロテスタント的なプロイセンはすばらしい……にもかかわらず、でも、なにか死んでいるんです(笑)。そこには生命がない。シュライアマハーは教会だけではなく、敬虔主義にも、啓蒙主義にも、そう感じるから批判している。

たとえば、敬虔主義者は一生懸命お祈りをします。しかしシュライアマハーは、ときどき手紙のなかで「あれは無責任だ」と言っている。教会で何か困ったことがあると、「さあ、みんなでお祈りしましょう」なんて言うけれど、それは無責任な解決方法であって、信仰でもないし、現実な解決でもない。それが敬虔主義か！　というような批判をし、怒っているときがある。

佐藤——信仰と拝み屋は違うということでしょうか。

深井——そうですね。

佐藤——疎外されている事柄に対する忌避反応が、すごく強い人ですね。形式的には本来のものと似ているのに、実態は違うじゃないか、と批判する。

ドイツはどうフランスに対抗するか

佐藤——次におもしろいと思ったのは、以下の記述です。カント批判の文脈でしょうか。

道徳というのは、法ときわめて緊密な関係にあるものですが、法がその領域で無制約な支配権を保持しようとする時に、道徳を利用してはならないのです。〔法は〕完全にそれ自体で自立したものでなければならないのです。（三五頁）

近代は法によって成り立っている。法の根っこはおそらく所有権ですが、法によって形成される近代市民社会の基本である「欲望の王国」の自立性は認めつつ、しかし道徳とのうまい併存を考えている。シュライアマハーの法秩序感覚の強さは特筆すべきだと思います。

近代とキリスト教をうまく調和させる点から考えても、深井先生が訳した大学論文【8】もそうですが、シュライアマハーという人は全体への目配りが効いている。だから法学がどうなっているか、倫理学がどうなってるか、全体を見わたした上で語っている。このあたりの能力はすごい。

深井――シュライアマハーは、国家論というべきか、法哲学というべきか、今日の言葉でいえば政治評論と政治哲学のあいだを行くような論稿を書いたり、国家論を講義したりしたのです。何がいま必要なのかを察知するセンスには非凡なものがあります。

それからシュライアマハーが法や国家を語り、ドイツ人やいまの社会はおかしいと憤慨するときには、その背景にはフランス、そしてナポレオンの問題がある。ドイツがフランスに打ち負かされそうな時代のなかで、ドイツ独自の領域を考え

【8】深井先生が訳した大学論文
シュライアマハー『ドイツ的大学論』（邦訳、未來社）のこと。

なければならなかったし、ドイツは何によってフランスと戦うのかという意識もあった。このときシュライアマハーが手にしていた武器は宗教だったのです。

佐藤――彼の宗教的な感覚が現実的なところへ向かうと教育論になる。ナポレオンは極端に実学志向。それに対してシュライアマハーは、実学ばかりだと中世の職人教育と変わらなくなるのではないかという懸念を表明する。ただし、学問すべてに通暁することはできないから、それぞれの緒論には通暁し、哲学として共有しなければならないと主張していますね。

深井――それに加えてもうひとつ。シュライアマハー自身ははっきり言っていませんが、彼はフランス化をものすごくきらっているし、恐れているのだと思います。当時のルター派では、聖職者たちが制度のなかで救われるとか、制度を保持することに躍起になっているけれど、それは裏返していえば、プロイセンの宗教たるルター派の再カトリック化ではないか。いきいきした宗教はその制度の外にあるのだ、と彼は言いたいわけです。

ちなみにシュライアマハーはフランスに個人的な恨みもあるのです。彼がようやく（一八〇四年に）ハレ大学に招聘され、人間関係のごたごたも揉み消すことができて、ハレに行って活動を開始したら、（一八〇六年にハレ大学は）ナポレ

【9】**ベルリン大学**　プロイセン王フリードリヒ・ヴィルヘルム三世のもと、地理学者フンボルトらの主導で一八一〇年に創立。正式名称はフリードリヒ・ヴィルヘルム大学。初代学長はフィヒテ。シュライアマハーやヘーゲルなど錚々たる教授陣を揃え、そののちもショーペンハウアー、シェリング、ハイネ、マックス・プランクなどの思想家・学者が集った。第二次大戦後は東ドイツ地域に属し、フンボルト大学と改称。ドイツ統一後の現在もフンボルト大学ベルリンとなっている。

【10】**ブランデンブルクのアカデミー**　ブランデンブルク選帝侯・初代プロイセン王フリードリヒ一世（一六五七―一七一三）が、哲学者ライプニッツの助言を受け、一七〇〇年にブランデンブルク選帝侯立科学協会として創設。初代会長はライプニッツ。翌年のプロイセン王国誕生に伴ってプロイセン王立科学協会と改称、一七四四年からプロイセン王立科学アカデミーとなった。シュライアマハーは一八一〇年から会員。自然科学も人文科学も扱う総合的な学術団体で、現在のベルリン・ブランデン

オンによって閉鎖されてしまった。だから彼はフランスがきらいです。

それで今度は新設のベルリン大学[9]に招聘されるわけですが……。

佐藤――ベルリン大学は完全な新興大学なのですね。

深井――そうです。ベルリンがすごいというのは、あとからつくられた神話にすぎません。しかし、大学をつくることでドイツがフランスに勝てると思っているとしたら、それはすごい発想なのかもしれません。

それで、シュライアマハーがベルリンに行ってみたら、哲学部にヘーゲルが招聘されてくるのです。シュライアマハーはもちろん神学部で授業をするのですが、ブランデンブルクのアカデミー[10]会員はベルリン大学で授業する権利があったので、哲学部でも講義をするのです。ヘーゲルに対抗して哲学部で授業をやりつづけた。

つまりシュライアマハーはふたつの学部で教えていたのですが、兼任していたわけではなくて、それぞれ授業をする資格が違うのです。では、なぜわざわざブランデンブルグのアカデミーの会員として哲学部で授業をしたのかといえば、大学の教員よりアカデミーの会員のほうが格が上だからで、要するにヘーゲルに対するいやがらせです。何かかわいそうになってくる。

とはいえシュライアマハーは大学ではがんばりました。新設のベルリン大学の

ブルク科学アカデミーにまで連なる。

【11】**プロテスタント・スコラ主義** プロテスタント正統主義。一六世紀から一八世紀にかけて、プロテスタントのルター派や改革派も、他教派との論争などによる必要性から、カトリックのスコラ学同様の方法論を導入して教理の緻密化・体系化を図ったため「スコラ主義」と呼ばれる。客観的な論理性を重んじ、聖書の権威の強調(形式原理、霊感説)や契約神学の発展が特徴とされる。著作がラテン語で書かれているため、研究が遅れた面がある。代表的神学者にルター派のヨハン・ゲルハルト(一五八二―一六三七)など。

【12】**メランヒトン** フィリップ・メランヒトン。一四九七―一五六〇。ドイツの人文主義者・神学者。一五一八年にルターの宗教改革に参加、盟友として教理を整理した『ロキ・コンムネス』や、プロテスタント最初の信仰告白である「アウクスブルク信仰告白」、さらにカトリック側からの反論に反批判する「アウクスブルク信仰告白の弁証」を執筆した。しかし

神学部にはいい先生があまりいなかったので、みずから新約学も教え、教会史も教え、実践神学も教えて、あらゆることをやらなくてはなりませんでした。

佐藤——だから『神学通論』みたいないい本が書けるのですね。全体に通暁しているから。

深井——彼は大学では本当に苦労しています。もっとも、家でも教会でも苦労していますが。

佐藤——ところで、シュライアマハーは、プロテスタント・スコラ主義【11】に対する危機感は強いのですか。

深井——強いと思います。プロテスタント・スコラは、改革や破壊に対する揺り戻しですから。それは制度化でもあるのですから。この現象はアイロニックなものです。宗教的な情熱が神学の厳格化のエネルギーになり、それが人々の心を宗教から遠ざけることになってしまうのです。

佐藤——ルター派は名前がルターですからみんなルターに注目しがちですが、弟子のメランヒトン【12】の存在も大きいと思うのです。ルターは現在の医学からすれば、かなり重度の発達障害と診断されるのではないかと思われる部分があり、だからこそ逆に改革ができたのだろうと感じます。一方、メランヒトンにはバランス感

徐々にルターとの思想の違いが表面化し、一五七七年までつづくルター派内部の亀裂と論争を生むことになった。

【13】**ヨハン・ゲルハルト**　一五八二—一六三七。ドイツのルター派神学者であり、プロテスタント・スコラ主義の代表的神学者。著作に『ロキ・テオロギキ』など。

【14】**トマス・アクィナス**　一二二五頃—一二七四。中世の神学者・哲学者。ドミニコ会士。聖人。教会博士。スコラ哲学の大成者といわれ、アリストテレス哲学を利用し、神は本質なき存在そのものとする、存在（エッセ）の形而上学を打ち立てた。倫理学・自然法論・国際法における貢献も大きい。著書は『神学大全』（邦訳、全四五巻、創文社）、『在るものと本質について』（日羅対照、知泉書館）、『自然の諸原理について』（日羅対照、知泉書館）など多数。

【15】**ペールマン**　ホルスト・ゲオルク・ペールマン。一九三三—。ドイツのルター派神学者。一九六三年、エウランゲン大学から神学博士号を受ける。マースバッハの

覚がある。しかしメランヒトンの方向性を進めると（プロテスタント・スコラの代表者）ヨハン・ゲルハルト[13]のようになってしまう。こうなると、トマス（・アクィナス）[14]とどう違うのかという疑念が出てくる。

深井――実際にルター派の神学の一部がスコラ化するのですが、プロテスタント・スコラの歴史は、日本ではなぜかすっぽり抜け落ちていて、宗教改革を議論するときも近代を議論するときも俎上にのぼらないから困ります。

佐藤――同志社の秋学期の集中講義で、私がペールマン[15]（の『現代教義学総説』）をあえて使うのは、日本語になっている教義学の教科書で唯一、プロテスタント・スコラ主義に関する配慮があるからです。

永劫回帰

すべての善を一般的な利益という永劫回帰の中に取り入れようとしているのです。（三六頁）

佐藤――第一講話の最後あたりの文章ですが、ここはよくわからなかったところ

牧師やドイツ福音主義成人教育研究所主任、ハイデルベルク大学の私講師・教授を経て、オスナブリュック大学の組織神学・倫理学の教授を務め、現在は同大学名誉教授。著書に『現代教義学総説』（邦訳、蓮見和男訳、新教出版社）、『ナザレのイエスとは誰か』（邦訳、秋山卓也訳、新教出版社）など。

【16】**予定調和**　もともとはライプニッツのモナド論において、モナドは独立していて相互作用しあうことはなく、宇宙の調和は神の天地創造時からあらかじめそのように定められていたからにすぎないとする考え。転じて、現在では、あることが起きれば、それから予測されるとおりのことが起きることも指す。

【17】**輪廻説**　人間ないし生物は、死後別の人間ないし生物に生まれ変わるという思想で、古代ギリシアにも存在したが、仏教においては、生物は、悟りを得て解脱しないかぎり、天界（安楽と喜びにあふれた神々の世界）・人間界・阿修羅界（争いと戦争の世界）・畜生界（動物の世界）・餓鬼界（飢えと渇きに苛まれつづける幽鬼の世

です。正統教義から逸脱したセクトを意識しているのでしょうか。

深井――彼がイメージしているのは、予定調和[16]というか、すべてが摂理のもとに動いているといった説明だと思います。善をなせば良い結果がついてくるのであって、善きことをしたのに逆説的に悪を結果するなんてことは考えないような、ちょっとおめでたい考えかたと言えばよいでしょうか。別の言いかたをすれば、神が世界をつくったのだから、世界は神の定めた秩序のなかにあって、その秩序からの逸脱は原理的に起こらないといった考えかた。

　これの何が問題かというと、神の介入が除外されてしまうことです。結局、理神論のようになってしまう。シュライアマハーはそれは違うと言ってるのでしょう。

佐藤――それが永劫回帰になってしまうわけですね。

深井――そうですね。（仏教の輪廻説[17]のようなもので、）永劫回帰のなかで、よいことをすればよい報いが来る、というのはわかりやすい。この人は義人だけど、いまは困っていたり苦しんだりしていることはよくある。そのとき、永劫回帰で予定調和だから、一時的には逸脱があるとしても、最終的にはうまくいく、という議論に対して「それは違う」と言いたいのだと思います。

界）・地獄という六つの世界（六道）を、永遠に生まれ変わり死に変わりしつづける。その際、多く善いことをしたものは楽と喜びの多い上位の世界に、多く悪をなしたものは苦しみの多い下位の世界に生まれかわるという（善業楽果、悪業苦果）。

第2章

宗教の本質について

『宗教について』第二講話

宇宙と心の一致

佐藤――第二講話に入りましょう。

もしみなさんが、形而上学と道徳の頂点に立つならば、この二つのものが宗教と同じ対象を持っていて、宇宙、そして宇宙と人間の関係を取り扱っていることを見出すことでしょう。(四二頁)

形而上学と道徳の対象は宗教と同じだと言います。では、それらはどう違うのか。それから、

それは宇宙を分類して、個々の本質に分割し、そこに存在するものの基盤を追求し、また現に存在するものの必然性を演繹し、それ自身の中から世界の実際性や、世界のさまざまな法則を紡ぎだすものです。(四三頁)

これはたぶんカントですね。

深井――そうですね。

佐藤――そこを踏まえてさらに、

道徳は、人間の本性と人間の宇宙との関係から、さまざまな義務の体系を展開し、さまざまな行為を無制約的で絶対的な力で命令したり、禁止したりするものです。ですから宗教は道徳を飲み込まれてしまうというようなこともしてはならないのです。（四四頁）

ここもカントのように思えますが、どうですか。

深井――カントもありますが、もうひとつ、プラトン【1】の影響ではないでしょうか。このころのシュライアマハーは、シュレーゲルと一緒にプラトンのドイツ語訳全集を出すという壮大な計画を立てたのですが、シュレーゲルと喧嘩してシュレーゲルが企画から離れてしまう。最後にはシュライアマハーがひとりで訳しました。いまでもレクラム文庫のプラトンの翻訳のなかにはシュライアマハーが訳したものがあります。

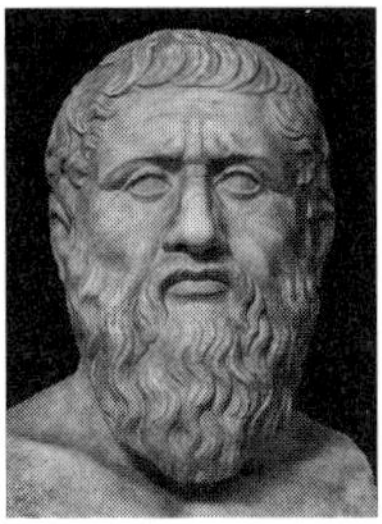

【1】**プラトン**　前四二七‐前三四七。古代ギリシャの哲学者。ソクラテスの弟子、アリストテレスの師。ピュタゴラス派やエレア派の影響も受ける。永遠不変のイデアが真の実在であり、現実世界の事物はイデアの不完全な影であって、かりそめの現象にすぎないとするイデア論で有名。哲人政治を主張し、神（デミウルゴス）による宇宙の創造を説くなど広汎な業績を残した。著書に『ソクラテスの弁明』『パイドン』『ティマイオス』『国家』『法律』など多数。

だからシュライアマハーはこのころずっとプラトンを読んでいる。そして、もちろんカントも読んでいます。

プラトンは、私の外と内なる永遠の宇宙とか、ふしぎな宇宙の天体の法則とわが心の道徳の法則は同じだと言っている。【2】これはカントもプラトンから借りて言っていることでもあります。それをシュライアマハーも言うのですね。

佐藤――星の動きがそのまま個々人の運命とつながっているとするなら、世界像としては占星術と同じようにも思えますね。

深井――道徳律ですからたしかに運命と関わっています。ルドルフ・シュタイナー【3】はカントの認識論の問題点を指摘していますが、宇宙の把握というようなことになると似たようなことを言っているように思えるのです。シュタイナーは、影響を受けたとは言いがたいのですが、シュライアマハーを読んでいたことはわかっています。

直観と感情

佐藤――さて、いよいよあの有名なテーゼが出てきます。

【2】天体の法則とわが心の道徳の法則は同じ　プラトンの『ティマイオス』などで描かれる天体と人間精神の照応関係。「プラトンも……宇宙は魂を持ち、知性ある生き物として生まれたと見た。……人間の魂も自分の中にある宇宙の魂と同じ働きを見て取って、宇宙に似せ本来の姿に戻すよう努めなければならない。これが……人間に与えられた最善の生、幸福なのである」。（引用はプラトン『ティマイオス・クリティアス』岸見一郎訳、白澤社の訳者解説より）

【3】ルドルフ・シュタイナー　一八六一―一九二五。神秘主義者・教育家。クラリェヴェク（現クロアチア領）生まれ。ロマン主義や神智学の影響を受けつつ、五感を超えた霊的能力ではじめて事物の真実は把握できるとする人智学を創始、哲学・科学・神秘主義の統合をめざした。医学、社会改革、教育などさまざまな分野で活躍し、彼の思想に基づく独特のカリキュラムでの教育はシュタイナー教育として知られる。邦訳のある著書は『神秘学概論』（ちくま学芸文庫）、『悪について』（春秋社）、『子どもの教育』（ちくま書

宗教は形而上学のように、宇宙をその本性に基づいて規定したり、説明することを望みません。また道徳のように、自由の力や人間のあたかも神になったかのような勝手な意識から宇宙を形成したり、完成させようとも願いません。宗教の本質とは、思惟でも行動でもなく、それは直観と感情なのです。
(五一頁)

この形而上学批判もおそらくは制度批判の側面が大きいでしょうね。プロテスタント・スコラを批判し、道徳についてはプラトンとカントを批判し、その上で直観と感情になる。

深井——制度的な教会がカトリック化することへの批判ともうひとつ、(啓蒙主義を掲げる)理性主義者たちが登場したことによって、プロテスタンティズムが理性以外のところに逃げこんでしまうことへの批判もあると思います。

佐藤——理性や自然科学の台頭に対して、それらを迂回して、別のところに逃げてはだめだというのですね。

深井——そうです。逃げ場が悪い。道徳とか形而上学に逃げてもしようがないの

房)など多数。

です。シュライアマハーが喧嘩している相手がふたつあるのがよくわかっておもしろい。

佐藤――さらに私が注目したのは次の箇所です。

宇宙を直観する。私はみなさんにぜひこの概念に親しんでいただきたいのです。なぜならこの概念こそが、私の全講話の要だからです。(五六頁)

この箇所では「直観と感情」、とりわけ「直観」が要だと言っているのに、後期の『信仰論』では直観が抜け落ちて、「絶対依存の感情」になってしまったのはなぜでしょうか。

深井――佐藤先生がさきほどから感情は外部的だとおっしゃっているように、感情が外部的ですから、直観は感情のなかに包含されたのではないかと思います。

佐藤――プロテスタント神学としては、「〜と〜」をきらうということもあったかもしれませんね。

深井――何をきらうんですか?

佐藤――「〜と〜」[4]、ドイツ語の「und」です。(たとえばカトリックだと「信仰と

【4】**〜と〜** 中世のカトリック教会においては、聖書の読み方はきわめて多義的であり、……聖書の中にはあれもあり、これもありというように、例えば「自然と恩恵」とか「信仰と善行」とか「啓示と理性」とかいうように、ことごとくが「と」によって結びつけられる考え方が支配的であった。(北森嘉蔵『宗教改革の神学』新教出版社、二五八頁、カール・ホルの論文「聖書解釈の進歩に対するルターの意義」の要約より引用)

行為」とか「聖書と聖伝」というではないですか。でも）「信仰と行為」というと、あたかも信仰と行為がふたつに分離可能になってしまう。「信仰即行為」であるべきで、だから、「〜と〜」でつないで二本立てにするのをきらう。これはこれでわかるような気がします。

それから、これは私の解釈が正しいかどうかわかりませんが、日常的な感覚で考えてみても、「感情的になる」というのは、（こみあげてくるものを）自分で抑えきれないから感情的になるわけです。だから感情はどこか外部性がある。自分のなかで完全に統制できるものは、実は感情ではない。

ただ、この箇所では直観と感情といいながら、中心は直観にあるように思われ、むしろ感情が直観に包摂されそうな感じがします。直観だけわかれば、全体がわかる、といったもの言いもしている。この時点のシュライアマハーにとって、直観と感情の関係はどうなっていたのでしょう。

深井――それは大問題で、たぶんいろんな人がいまも考えをめぐらせていると思います。

佐藤――ひとつの鍵は、彼の個人史における恋愛でしょうか。恋愛と直観はすごく関係していると思う。

深井——なるほど。直観の場合、何か向こうから来るものを受けとめる。つまり向こうからのベクトルが強い。感情の場合は、最終的には絶対依存の感情となるように、こちらから向かっていくというベクトルがある。その関係だと思います。とはいえ、直観するためには、直観を受けとる何かがなければいけないのもたしかで、晩年のシュライアマハーはそのあたりの整理をしていたのだろうとも思います。

もうひとつ、直観の場合、その直観がまったくのまちがいという可能性を排除できません。シュライアマハーも「誤った直観」とか「誤った悟性の働き」ということを言いだします。シュレーゲルはそれが気に入らない。「直観は直観なんだ」というのがシュレーゲルの考えです。

佐藤——直観には誤った直観もありうると考えるのは、反省的な機能を重視しているわけで、シュライアマハーはロマン主義に収まりきらないところを持っているわけですね。

深井——そうだと思います。

ひとつ註記をしておきますと、シュライアマハーは「宇宙を直観する」と言っている。宇宙はこの時代のロマン主義者にとって大きな問題だったと思うんです

若きシュレーゲル

が、元のドイツ語は「ウニベルザール（universal）」。「宇宙」とも訳せますが、「普遍」と訳してもいいのです。要は「すべてを包括しているもの」。シュライアマハーのイメージもたぶんこれで、「宇宙」といっても、われわれが考えがちな銀河系のようなものを必ずしも考えなくてもいいかもしれません。

近代になると「ウニベルザールゲシヒテ（Universalgeschichte）」という言葉ができますが、これは「普遍史」と訳されます。つまり全部、全体です。そういうイメージもある。ただし、「宇宙」を問題にしたのには、カントとプラトンの文脈があるとは思います。

佐藤――次の箇所はどう見たらいいでしょう。

もしみなさんが、反対の側からものを見るなら、そこに新しい直観を得るだけではなく、古くから熟知している領域においても、最初の要素が他の諸形態と結びあって、まったく別のものに見えてくるということが起こるでしょう。（六二頁）

深井――「反対の側からものを見る」というのは、自分が古くから熟知しているもの、たとえば、宗教や道徳や形而上学についてこれまでこう思っていた、というのに対し、新しい直観――おそらく他者からの、向こうから来る何か――を受けとることによって覚醒が生じ、認識が新たになるということでしょう。これはまさに直観の効果だと思います。

佐藤――反対の側からものを見ることで新しい直観を得るというのは、視覚的に考えるとわかりやすいかもしれませんね。こちらから見るのと、あちらから見るのでは、かたちが違って見える。だから、いろんな方向から見ることをくりかえすと、ものごとは立体的に見えてくる。

深井――直観は「向こうから来る」というモティーフが強い。それをわれわれが受けとるわけですが、受けとめた側のわれわれに何が起きるかを説明してみたのでしょう。

ネガティヴな啓示

佐藤――その後シュライアマハーは、直観を感情に結びつけます。

すなわち、宗教の一般的な形態を完成させるために、あらゆる直観は、その本性からして感情と結びつくということを思いだしていただきたいのです。（六六頁）

さらにみなさんは、この影響の源泉はもっとも強力な感情の力さえも及ばない外部にあり、〔同時に〕みなさんの中にはまったく別の源泉を持たねばならないと告白することになるでしょう。まさに宗教もそうなのです。有限なものの中でみなさんに自己を開示する宇宙の働きが、まさにみなさんの感情と宇宙の関係、みなさんの生きている状態と宇宙との関係を新しいものにするのです。（六七頁）

ここはロマン主義的でおもしろい。

深井――そうですね。でも「有限なものの中でみなさんに自己を開示する宇宙の働きが、まさにみなさんの感情と宇宙の関係、みなさんの生きている状態と宇宙との関係を新たなものにするのです」というのは、新プラトン主義[5]とどう違うのだろうかと疑問に思うときもあります。

【5】**新プラトン主義**　ネオプラトニズム。ヘレニズム期の哲学者プロティノス（二〇五頃–二七〇）ないしその師のアンモニオス・サッカス（生没年不詳）が創始。プラトンのイデア論を発展させ、世界は、善のイデアである一者（ト・ヘン）から、ヌース（知性）、世界霊魂、個々の霊魂、感性界（物質界）、という順で流出して成立したものと考え、人間の魂は一者に由来しているがゆえに、一者への愛によって一者に回帰することができるとする。アウグスティヌスやデュオニシオス・アレオパギテスなどを通じてキリスト教に多大な影響を与えた。

佐藤——私はおもしろいと思う。プラトン的なものを批判しながらプラトン的なものをとり入れている。でも彼は、プラトン的なものを止揚《アウフヘーベン》しているはずなんですよ。

空間と物量とが世界を形成しているのではありませんし、それらが宗教の素材でもないのです。これらのものの中に宗教を求めようとすることは、幼稚な考え方です。(八三頁)

これはカントを切って捨てている。つまりカントの範疇表をいくら見ても宗教はわからない。また、さきほどの新プラトン主義の文脈でいえば、

もっとも小さなものの中に、もっとも大きなものの中にあるのと同じように完全に、そして明らかに啓示される世界の精神なのです。(八八頁)

というのもおもしろい。

深井——これは、プロテスタント・スコラのなかでもずっと議論されてきた問題

で、神の経綸【6】や世界の保持という考えをどう定義するかというときに使う議論です。

みなさんは人間を個別的に取り上げます。その際みなさんは人間についての理想を持っているのです。しかし人間はその理想には対応していないのです。なぜこのようなことが起こるのかと言えば、要するにみなさんのやり方が逆さまなのです。しかし、みなさんがその時に宗教を持っていたならば、それはもっとよいものになっていたでしょう。（九二頁）

……お願いしたいのです。どうかみなさんの活動と直観の対象とを取り替えてみてください。（同）

佐藤――シュライアマハーは、物事の全体的な把握に強い関心があるのかと思わせますね。それはおそらく救済と絡んでいる。

深井――本当にそうですね。ここはおもしろい。

佐藤――今回再読してはじめて気づいたところがあります。

【6】**神の経綸**　神の摂理。神のみわざ。神の力が世界と歴史のなかに浸透し、支配し、導いていること。

カント

またみなさんがある混合状態を考えた時に、もしそれがまだ見えないとすれば、そのような欠落があるということも宇宙の消極的な啓示なのです。(九四頁)

この「消極的な啓示(eine negative offenbarung)」という概念が興味深い。

深井――訳者としては「消極的」でいいのか、「ネガティブ」でもいいかもしれないと迷ったところです。

佐藤――「ネガティブな啓示」でもいいと思いますが、「消極的な啓示」「ネガティブな啓示」という否定的な現象のなかから啓示を読みとるというのは、「預言者に還れ」ということのように思えます。預言者的な啓示観ではないでしょうか。

深井――これは道徳と宗教がどう違うかに関わっていると思うのです。道徳は、善い行いには善い結果が、悪い行いには悪い結果が帰結するというように、一種の因果律のようになります。法も、こういう行為にはこういう処罰が与えられる、という話になっている。宗教は違います。直観の場合、その向こうに絶対他者がいて、絶対他者の自由や主体性があるので、われわれにとって都合の悪いことも起きる。世の中の法則に反するようなことも起きる。それが宗教の世界です。だからこそ、われわれはそれを直観し、受け入れなければならない。

教会の言うことを聞いていれば自動的に天国行けます、というのではいけない。慣性の法則に従って宇宙は機械的に動いていくというのもダメです。ポイントは神の介入です。なぜ神はこんなネガティブな啓示をするのか。それが宗教なのです。

佐藤――シュライアマハーは時代を先取りしているともいえますね。一九一四年（にはじまった）第一次世界大戦後の世界なんて、まさにネガティヴな啓示です。

深井――そうですね。いま私は学生たちとハンス・ヨナス【7】を読んでいるのですが、彼のいう「弱い神」といった物言いにも似た、とても逆説的な言いかたです。

人間性の全領域をこのように歩き回った後、宗教は、より先鋭化された意識、より洗練化された判断力をもって、個としての私自身に戻ってくるはずです。そして最終的に、大変に隔たりのある対象から引き出されてきたものが、自分自身のところにあったのだということを見出すのですが、それこそが宗教なのです。（九九頁）

【7】ハンス・ヨナス 一九〇三―一九九三。ドイツ生まれのユダヤ系哲学者。ハイデガーやブルトマンに師事。ナチスの勢力拡大によりイギリスへ亡命、さらにイギリス統治領パレスチナへ移住。第二次大戦後はカナダ、アメリカで教鞭を執りつづけた。グノーシス主義の研究でも有名。著作は『責任という原理』（邦訳、東信堂）、『グノーシスの宗教』（人文書院）など。彼の「弱い神」については、たとえば『アウシュビッツ以後の神』（邦訳、法政大学出版局）を参照のこと。

佐藤——ここは弁証法的な構成になっていて、ひとつの旅をしてもとの場所に戻ってきたが、そこは一段階高い場所だという。螺旋を描いて上昇する感じです。

深井——この時代の人に共通した書きかたですね。宗教と道徳と形而上学を持ちだして、そのそれぞれと対話したり批判したりするのです。こう言ってしまったら道徳と同じになる、これだと形而上学と同じだ、というふうに対話しながらぐるぐるまわって、弁証法的と言うべきなのか、最終的に宗教の問題に戻る。この時代の文章はみんなそうです。

佐藤——同じ場所に戻ってくるのですが、いろいろ検討したあとだから、高さで見ると高くなっている。だから螺旋的な構成になるのですね。

宗教は、有限なものが有限なものに影響を与えられ得るなら、そのことに満足するのであり、ただその様子を観察し、そのことを宇宙のもっとも偉大な行為として認識するのです。(一〇〇頁)

無限でなく有限というのは、人間を非常にリアルに見ているからだと思いますが、ここでは人間がおたがいに与える「感化」を問題にしているのでしょうか。

深井――シュライアマハーは今度は人間性を論じています。

みなさんは、人間性を、その存在においてだけではなく、その生成において も見なければならないのです。(同)

人間性はその内的変化を通して高貴で、完全なものへと形成されても行くの です。(同)

宗教は直観ですが、「宗教は歴史と共にはじまり」(一〇一頁)とあるように、現に与えられた人間の宗教性は歴史性を持っています。その点に言及しているように思います。

佐藤――同時に、

有限なものが有限なものに影響を与えられ得るなら、そのことに満足する。

と言っていますが、この「有限なもの」というのは人間ではないですか？　すると、これはキリスト教における「感化」ということになる。

深井――そうですね。

佐藤――私が興味を惹かれるのは、シュライアマハーは決断主義をとっていない、ということです。信仰は（キルケゴール[8]ではありませんが、「あれかこれか」の主体的な）決断だ、という考えかたがある。シュライアマハーは「そうではない、感化だ」と言っているように思う。あるキリスト教徒の生きかたがあって、それに触れることで感化を受け、変化する。仲保者であるイエス・キリストの生きかたがまさにそうでした。イエスは誰かをつかまえて、信仰するのかしないのかと迫ったのではない。彼の生きかたを見ているうちに感化されていったのです。弱かった彼の弟子たちも、復活後のキリストと触れることによって、殉教も恐れない強い人間になった。これが感化です。

深井――だからこそ、このあとシュライアマハーは宗教の教育について語り、社交の理論について語ります。

佐藤――この時代だと決断主義[9]は大きな問題になっていなかったでしょうが、彼が決断主義をあらかじめ排除しているのがおもしろいのです。現代の日本の教会

【8】**キルケゴール**　セーレン・キルケゴール。一八一三―一八五五。デンマークの哲学者。コペンハーゲン大学で神学を学ぶ。ヘーゲル哲学に反発し、弁証法を歴史の発展や概念の自己展開の必然的法則ではなく、矛盾と対峙し、みずからの主体性で決断し選びとる論理とした（逆説弁証法）。人は神の前にひとり立つ者であり、神とのあいだに絶対的な断絶があるが、神からの愛に応えて、みずからの全存在を賭けた決断をすることが信仰である。著書に『死に至る病』『不安の概念』（邦訳はともに岩波文庫）など多数。

【9】**決断主義**　信仰を「決断」の問題としてとらえるのはキルケゴールの影響を受けた神学の特徴とされ、弁証法神学もそのひとつの流れと見なされていた。現代のキリスト教の文脈では、決断主義は、アメリカの第二次大覚醒の指導者で長老派の神学者チャールズ・フィニー（一七九二―一八七五）にはじまる、聖書を信じ、キリストに従い、懺悔し、祈りを唱えると、みずから決断することによって新生するという考えかたを指すことも多い。

でも、牧師は「決断」と言うのが好きですし（笑）。

深井——この時代の宗教にとって、決断といえば主流派教会を離れることではないかと思います。宗教の問題を理性を超えて決断として受けとめるという考えはあまりない。一般の人はこの世に生まれると、自分の家の宗教であるキリスト教を受けとめる。しかし受けとめずにヘルンフート兄弟団のようなものをつくったり、教会との関係を断って啓蒙主義者として生きる人々も現れる。そこに宗教教育における、それまでとは違った感覚がある。

結局、直観と教育は、実際には矛盾するのです。原理的に考えれば、直観があれば教育はいらない。しかしシュライアマハーはそうではないと言う。

佐藤——そこを解く鍵は、生成的な理解なのでしょうね。

宗教は、むき出しの姿、野蛮なもの、醜いものはこれを飲み込み、これを有機的な形態に再構成しなければならないと考えるのです。（一〇四頁）

この箇所なども、教育の重要性という点で絡んでくると思います。

深井——直観と感情があれば教育も制度もいらない、というのはやはり強すぎる主張です。直観があって、さらに直観を共有する共同体もあると彼は説明していく。それは彼のバランス感覚でもあるし、直観だけで押しとおすと、それは嘘だ、夢だと言われたとき、答えられなくなってしまうので、前もって予防線を張っている側面もあるでしょう。

佐藤——複数の直観が並列したら、神々の争いになりますからね。すべての直観が権利的に同格になれば、調整のしようがない。

宗教と救済

佐藤——シュライアマハーは救済についてこんなことも言っています。

神との和解という謙虚な願望、死と破壊から守ってくれるただひとつの避難場所である聖なる領域において、私たちが持ち得た全てのものとともに救われたいという願望ほど、私たちにとって自然なものがあるでしょうか。このような感情が宗教なのです。(一一〇頁)

これも秀逸な表現だと思います。宗教というのは理屈とか道徳律ではなく、その人間が救われたいという願望だというのです。救済を強く打ちだす。シュライアマハーは牧師として優れた人だと感じたところです。

深井――敬虔主義《ピエティスムス》や啓蒙主義と関係するところですが、この時代のルター派にせよ、プロテスタント・スコラにせよ、教会に依存することは救いの客観性になるのです。私の（主観的な）努力ではなくて、制度である教会に依存するほうが、より客観的な救いの証明になるのです。私がやるのではなく、教会を信頼してお願いする。でもシュライアマハーは、そういう態度はだめだというのです。

佐藤――シュライアマハーが神秘主義[10]をいやがるのも同じですね。神秘主義は最初に跳躍してしまえば、そのあとは合理的な階梯になっている。シュライアマハーは近代の人だなと感じます。

深井――ちゃんと救われるかという「救いの確かさ」の問題が残るのです。

佐藤――救いの確かさについては、ひらかれたままですよね。こうすれば絶対に救われるという処方箋があったら、それはインチキです。

深井――そうなのです。近代においては、教会が救いの確かさに客観的保証を与えるのだ、といって教会に委ねることもできない。しかし、それは理性でもない。

【10】**神秘主義**　絶対者ないし究極の実在と自己が、自己の内面において合一するとする思想。具体的にどの思想を神秘主義とするかには議論が尽きないが、新プラトン主義の一者への回帰、イスラムのスーフィズム、インド思想の梵我一如、正教のヘシュカスム、エックハルトやビンゲンのヒルデガルトの思想などがよくあげられる。

彼ははっきりと、救いとは何かを自覚するのが宗教だと言っているわけです。

佐藤——そのあたりの議論はだんだんギュッとふたつに煮つめられてくる。

私にとって神性とはひとつの宗教的直観以外の何ものでもあり得ず、その他の方法によるものは神性とは異なっており、私の立場からすれば、みなさんがよくご存じの概念である「神なしには宗教なし」というような信仰はまったく成立し得ないのだということを明らかにしたいと思います。（一一三頁）

ほとんどの人々にとっては、明らかに、神は人間性の守護神に他ならないのです。人間が人間の神の原型であり、人間がその全てなのです。（一一四頁）

深井——そうですね。（ここでいう神は、あくまで）「（人間がつくりだした）宗教における神」（ということですから）、議論としては非常にバルトと似ています。

佐藤——バルトのフォイエルバッハ論とすごく似ている。では、人間をどう見るかという問いは、ここでは答えられないままですが、とても重要な箇所だと思います。

そして十分に言いたいことは、人間性が私の全てではないということ、私の宗教は宇宙に向かって努力しているのだということです。(同)

人間が組み立てる神には限界がある。それを裏返していうと、人間性が自分のすべてではないということに表れている。こういう構成になっていますね。

みなさんに思い出していただきたいことは、宗教の最高目的は人間性の彼岸で、人間性を超えたところで、宇宙をいかにして見出すかということなのです。(一三〇頁)

この箇所などはバルトにたいへん近い。

深井――そうですね。そもそもシュライアマハーが直観と言うときも、彼が宗教的に説明している場合は、バルトの神の自己啓示と同じ結果に至るのだと思います。「直観的に」というと、「私が直観的にわかった」という感覚をおぼえる人もいるかもしれませんが、シュライアマハーの場合、「向こうから来るものがあるから直観できる」という感じでしょう。

プラトン的な説明をすると、宇宙の論理がある。これはシュライアマハーによれば神の創造行為です。宇宙の秩序があるから直観できる。なぜかといえば、私は小宇宙だからです。何もないところでふっと気がつくのではなく、宇宙の動きと、私の心の動きが相応している。それがシュライアマハーの直観なのです。

佐藤――わかります。たとえば、英語の「サブジェクト（subject）」という言葉は「主語」とか「主体」という意味ですが、同時に「臣民」という意味もあります。王に従属している臣民もサブジェクト。直観も、自分が主体的に関与しているように見えるけれど、圧倒的な外部からの働きかけなのです。たしかに直観と感情と並べられて、「直観」といわれると、われわれの主体的な働きかけのように感じる人もいるかもしれませんが、そうではない。私たちの日常でも、「この人はいい人だと直観した」「この人は悪い人だと直観した」というけれど、自分が直観するのではなくて、外から来ているのかもしれません。

社交の人

佐藤――『宗教について』の深井先生の解説を読んでもわかりますが、この本を読むとき、ほとんどの人が第二講話しか読まないのですね。第三講話以降はていねいに読まない。しかし本当は、第三講話、第四講話、第五講話がすごく重要なんですね。

深井――私はそう思うのです。この第二講話までしか読まなければ、シュライアマハーが言おうとしたことは完全にはわからない。ここまでなら副題どおり「宗教を侮蔑する教養人たちのための講話」でよいのかもしれない。しかし第三講話や第四講話を読めば、「待てよ、これはこの時代の教会や聖職者たちに対するあてつけとかいやがらせ、そういう議論じゃないか」という話になってくる。

佐藤――深井先生が解説で書いていますが、シュライアマハーの葬儀に参列者が二万人から三万人も来たというのは、現代だとまるで大人気の芸能人や文化人のようです。そういう人が書いたものですから、当時の文脈のなかにおけば、読者には、特定の人間や組織を想定していることや、あてこすり、あるいは額面どおりの話だというのがわかったでしょう。

深井――はじめからそんなに多くのファンがいたとは思えませんが、彼はユニークだった。だから人気があり、批判もされたのです。『宗教について』は、最初は匿名で出そうとした。というか、匿名のほうがいいと出版社が言った。

佐藤――しかし当時は世界が狭いから、匿名で出しても誰が書いたかわかる。

深井――そうなんですよ。私の印象では、シュライアマハーの本領は、宗教的直観より社交のほうにあったと思います。第二講話のような議論をすること自体、社交を意識しているところがある。つまり「直観だ」「感情だ」と主張することは、当時の主流派の教会の人々に対して、「ノー」を突きつけているのです。「ノー」を言うことで、「おお！」と思う人たちがいるのが、彼にはわかっている。そこで、まず第二講話を述べて「おお！」と思った人たちに、(第三講話以降で)「ちょっとあなたがたも考えてくださいよ」とつづけた。

シュライアマハーは宗教者としての責任を果たしたい。他の人々を扇動して当時の教会に「ノー」と言うだけ、あるいは教会制度を批判するだけではなく、もう一段上にあがって、宗教について本気で考えてください、あなたの信仰とか救いについてきちんと考え、理解してください、と言いたかった。それがシュライアマハーの狙いだったと思います。

佐藤――よくわかります。

深井――シュライアマハーは実際にそれだけの影響力を持っていたし、そういう訴えかけを教会のなかでも外でもやった。もっともこの（『宗教について』を書いた）時代は、シュライアマハーはおそらくあまり教会に行っていなかったと思いますが、自分とつきあいのある知識人、文化人、文学者たちのなかで、こういう議論を一生懸命していたのです。その経験に基づいて、今度は教会内部に向けて語りだしたのです。

佐藤――そういえば、シュライアマハーの家族はどうでしたっけ。子どもはいたのでしたか？

深井――彼は子どものいる人と結婚したのです。[11] その後、男の子もひとり生まれますが、早く死んでしまいます。そのときの息子への葬儀説教が残されていて、本当にいい説教です。

彼は本当に苦労の人です。それでもこれだけの仕事をしたのです。人間的にはたいへん魅力があった人だと思っています。

佐藤――それはまちがいないと思いますね。

【11】シュライアマハーの結婚
シュライアマハーは一八〇九年にヘンリエッテ・フォン・ヴィリッヒと結婚。彼女は早逝した友人の牧師の未亡人で、すでにふたりの子どもがいたが、シュライアマハーとのあいだにも、一八一〇年に長女エリザベート、一八一二年に次女ゲルトルート、一八一七年に三女ヒルデガルト、一八二〇年に長男ナタナエルの四人の子どもをもうける。しかしナタナエルは九歳で夭逝する。

深井――だから私は、彼を社交の人だと思うのです。初期は直観を前面に出し、直観が彼の代名詞になったけれども、本当は誤解されているような意味での直観の人ではない。教育学にも力を入れたし、サロンの花形でもあったのです。

第3章

宗教への教育について

『宗教について』第三講話

第三講話以降に『宗教について』の本質がある

深井――第三講話の具体的な内容に入る前に、もう一度『宗教について』という本の大きな枠組みを再確認したいと思います。この本は、「宗教とは何か」について議論するとき、直観や感情を重視しているということばかり前面に出されますが、後半で実際に論じられているのは、宗教の教育や宗教的社交という問題です。単純に直観や感情で宗教を説明しているわけではありません。むしろ大事なのは後半であって、とても重要な位置を占め、よく読めば、当時の教会に対する当てつけになっている。

だから実は、直観や感情と関連させつつ、この後半をどう読み解くかが大切な問題なのですが、『宗教について』についての本や論文でこうした問題がとりあげられることはほとんどない。いつも直観あるいは感情についての議論をするだけです。

佐藤――これは第四講話からの引用ですが、

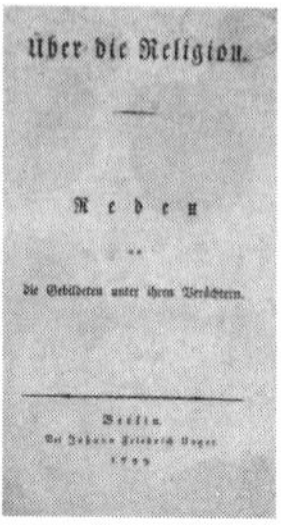

『宗教について』初版

宗教が存在するからには、それは必然的に社交的なものでなければなりません。そのことは、人間の本質に基づくだけではなく、むしろそれは宗教の本質に基づくものなのです。(一七三頁)

この箇所を素直に読めば、宗教の本質は社交ということになる。社交は直観や感情と並んで重要なものである。もうひとつおもしろいのは、

弟子は、師が彼を弟子にしたので、弟子になったのではなく、弟子が彼を師として選んだから、彼は師なのです。(一四〇頁)

これはマルクスの王に対する記述【1】と同じです。「王が臣下を選んだのではなく、臣下が王にしたのだ」。だから、臣下がいなければ王はいなくなる。この構成はたいへん関係主義的かつ弁証法的です。

結局、直観と感情は、シュライアマハーの文脈を離れて、まちがって理解された。それについて悪しき役割を果たしたのは、まずバルトの『十九世紀のプロテスタント神学』【2】。それをより通俗化したのが、ツァールントの『二〇世紀のプロ

【1】**マルクスの王に対する記述** ……この人間が、例えば王であるのは、ただ他の人間が彼にたいして臣下として相対するからである。彼らは、逆に彼が王だから、自分たちが臣下でなければならぬと信じている。(『資本論』第一篇第一章第三節三「等価形態」註(二一)、岩波文庫版(一)、一〇七頁より引用)

【2】**『十九世紀のプロテスタント神学』** 邦訳、上中下、新教出版社。一八世紀の神学を概観したあとで、シュライアマハーから、フォイエルバッハ、シュトラウス、コールブリュッゲ、リッチュルまでの一九世紀の神学者たちを論じる。前史たる一八世紀にも多く頁を割き(邦訳中、上中二巻が前史)、ルソー、カント、ヘーゲルら哲学者たちの宗教思想も詳しく論じている。

テスタント神学』(邦訳、上下、新教出版社)です。とにかくシュライアマハーの直観と感情はバルトに全否定されたと受けとめられてしまいましたが、これは明らかな誤解でしょう。

宗教を妨げるのは誰か

深井――さて、第三講話のはじめあたりで重要だと思うのは、ここです。

人間はさまざまな他の資質と同じように、宗教的資質をも持って生まれてくるのです。ですからもし人間の意識が無理に抑制されたり、宇宙と人間とのさまざまな交わり(これが明らかに宗教の二つの要素なのです)が切断されたり、妨げられたりしないならば、宗教はどのような人にも、それぞれに独自な方法によって現れ出たに違いないのです。しかし大変に残念なことなのですが、さまざまな障害が、現代では幼年期からさまざまな仕方で起こってくるのです。(一四二頁)

宗教教育について語る前提として、人間は宗教や神をどうやって知るのかという問題がある。キリスト教の伝統では、それはア・プリオリ[3]なのかア・ポステリオリ[4]なのかという議論をする。

人間はさまざまな他の資質と同じように、宗教的資質をも持って生まれてくるのです。

これはア・プリオリを主張していることになる。人間は環境に影響されるのではなく、生まれながらに成長に必要なものを持って生まれてくる。生まれたばかりの子どもは、別に教育されていなくても母乳を飲むし、排泄もする。同じように宗教についても、宗教的なものや神に対する憧れ、絶対的他者を認識する能力、そういったものをア・プリオリに持っているのだという議論になる。

その反対はア・ポステリオリで、環境によるという。バルトも「啓示による」と言うのですから、形としてはア・ポステリオリかもしれません。このふたつにわかれる。

佐藤——バルトの場合は、完全にそうですね。最初の頃はサクラメント[5]に洗礼が

【3】**ア・プリオリ**　「より前のものより」という意味のラテン語で、経験に先だち、経験によらず与えられていること。先験的。

【4】**ア・ポステリオリ**　「よりあとのものより」という意味のラテン語で、経験に基づいて得られるものであること。

【5】**サクラメント**　カトリックでは秘跡といい、キリストの神秘を記念し、現在化する儀礼として、洗礼、堅信、聖体（聖餐）、ゆるし（かつての告解）、病者の塗油（かつての終油）、叙階（聖職者の任命）、結婚の七つを、キリストが制定したものとして認めるが、プロテスタントは通常、福音書に根拠のあるものとして、洗礼と聖餐のふたつのみを聖礼典として認め、その理解の仕方もさまざまである。

入っていましたが、晩期の洗礼論の変遷によって、洗礼をサクラメントとしては否定してしまって、本当にア・ポステリオリになる。

深井――そうですね。無媒介的になる。

佐藤――それがバルトの真意だったのか、加齢による現象だったのか、それはもうわからない。

深井――バーゼルの教会か何かの人間関係が理由だった可能性もありますね。

佐藤――この箇所でのシュライアマハーの議論の構成は、ア・プリオリに宗教的な資質を持っているけれども、ア・ポステリオリに破壊される可能性があるということですね。すると宗教教育は、何かを積極的に行うというより、（破壊を最小限にしようという）マイナスのミニマム化みたいな位置づけになる。

深井――そうなんです。ですから堅信礼の教育も含め、現になされている教会の宗教教育を（持って生まれた宗教性を破壊するものとして）批判している。また、「宗教を妨げる者」（一四三頁）というのは、具体的には、

意外なことに理性的な人間と、実践的な人間なのです。（同）

というのです。この人たちこそ宗教に対する敵対者であり反対者だ、と。

ここでいう「理性的な人間」とは、単純に啓蒙主義者をさしているのではないと思います。むしろ教会の聖職者とか神学者のことでしょう。「実践的な人間」というのもおそらく、教会のなかにいる熱心な人たちを指すのだと思う。そういう人たちが宗教のよきものを歪めるのだ、そういう感覚です。

神秘思想と革命思想

深井――そのあとに、シュライアマハーが宗教者のひとつのモデルを提示している箇所があります。

佐藤――「神秘主義」のところですね。

これとは反対の人たちですが、宗教が内的本質に属しているような人でも、現在の世界の状況においては、多数の人々の心を支配することなどはできないので、感性はいつでも、自己に向かうばかりであり、宗教の専門家や英雄となるためにはあまりにもその資質が欠落しているという状態です。もっとも軽薄な人間であっても、尊敬と畏敬の想いなしには見ることができない非常に力強い神秘主義というものがあります。この神秘主義というものは、もっとも理性的な人間をも、その英雄的素朴さと、毅然とした世俗拒否の立場によって驚愕させるようなものなのです。神秘主義者は、宇宙の外的直観に満足してしまったり、それに圧倒されたりせず、隠された力に引かれて、個別的なものの直観から、常に自分自身へと戻り、この私こそが全体の基盤であり、鍵であると考えるのです。彼は、精神は外の世界から与えられるあらゆるものを全て知るのに十分な力を備えているということを、壮大な類比と大胆な信仰によって確信しているので、自分を放棄する必要などないのです。神秘主義者は自己の自由な決断によって、自己以外のすべてのものに対して目を閉ざしているのですが、しかしこのような態度というのは、決して無知からくるものでもなく、また意識の閉鎖性や無能力ということからくるものでもないのです。（一五六頁）

深井――古代以来、実にさまざまなキリスト教の思想家が登場しましたが、過激な意見を言った場合、必ず「神秘主義者」と批判される。理由は単純で、過激な意見は大体、その当時の支配的な神学や教会制度を批判するからです。普通の宗教には、神と人間のあいだに、それらを媒介する制度が存在する。一方、神秘主義は、構造としては、神と人間がいれば成り立つ宗教です。だから表面だけを見る人には（教理も制度も複雑なものが何もないので）理性や理解を欠いた宗教性のように見えることもある。「ロゴス[6]も何もない」と批判されたりもする。しかし実はそうではない、とシュライアマハーは言うのです。

カール・バルトだって最初は神秘主義者と言われました。なぜならこの時代の教会制度を『ローマ書講解』で批判したからです。シュライアマハーも「神秘主義者だ」と言われる。なぜなら「直観」というのが、教会の教義などをすっとばして神を信じている、と言うことになると受けとられたからです。

だから山のなかで瞑想しているといったタイプの神秘主義ではなく、制度を否定している宗教が神秘主義と呼ばれていることに注意しなければならないのです。シュライアマハーはこの時点では、そういう宗教のかたちを評価しているのではないかと思います。

佐藤――西方教会の文脈では、神秘主義は批判的に受けとられますが、東方教会の文脈では必ずしも批判されるわけではありません。ロースキィ[7]なんかも『キリ

【6】**ロゴス**　古代ギリシア語で、言葉、論理、法則、理性、形成力など多様な意味を持つ言葉。ヘラクレイトス（前五―六世紀）では世界の根源的原理。ストア派では世界に浸透し支配する内在的法則かつ世界を創りだす能動的な原理（＝神）。ユダヤ教哲学者フィロン（前三〇頃―後四〇頃）は、ロゴスは神の創造した世界を維持する「神の初子」「神の次に位置するもの」とする。（平石善司『フィロン研究』創文社などを参照）

【7】**ロースキィ**　ウラジーミル・ニコラエヴッチ・ロースキィ。一九〇三―一九五八。正教の神学者。ドイツのゲッティンゲン生まれ。一九二二年、家族とともにロシアから亡命、チェコスロバキア（当時）を経て、フランスへ赴き、ソルボンヌ大学に学ぶ。長らくパリのサン・ドニ（聖ディオニシオス）神学院学部長として教義学を教えた。代表作が『キリスト教東方の神秘思想』（邦訳、勁草書房）である。

スト教東方の神秘思想』といった本を書いていますが、「神が人となったのは、人が神になるためであった」【8】ともいいます。なぜそれが可能かといえば、「フィリオクェ（〜と子から）」について話したときも触れましたが、聖霊の働きです。

西方教会（のニカイア・コンスタンティノポリス信条）には「フィリオクェ」があって聖霊は父と子から発出する。子を通してしか父について知ることはできない。子がいなくなったあとは、子の真理は教会で保全される。したがって聖霊の働きは一義的に教会のなかにある。こういう論理的な組み立てになる。

東方教会では、聖霊は父からのみ発出する。子、ひいては教会を迂回することも可能ですから、キリスト教徒でない人間に聖霊が降りてきてもいい。教会にいっさい行かず、教会の何の干渉もなく天につながることができるというのは、ごく普通の考えかたなのです。

そこで特に重視されるのは、修道院のなかで修行してる神秘主義者よりも、ロシア語でユロージビー（юродивый, yorodivy）といわれる人々。日本ハリストス正教会では「佯狂者《ようきょうしゃ》」という訳語をあてていますが、「神に狂う者」という意味です。金持ちの家に石を投げたり神父の悪口を言って歩いたりする、そういう人を非常に高く評価するのです。

【8】「神が人となったのは、人が神になるためであった」 古代のギリシア教父、アレクサンドリアのアタナシオス（二九六頃–三七三）の言葉。アタナシオスはアレイオス派の「子は被造物」という考えに反対し、父と子の同一本質（ホモウーシオス）を主張し、三位一体論の形成に貢献した。その著書『言の受肉』において「この方［言（ロゴス）］が人となられたのは、我々を神とするためである」と述べ、正教の神成思想の傍証のひとつとなった。（引用は、小高毅編『原典古代キリスト教思想史3 ギリシア教父』教文館より）

深井――ドストエフスキー【9】の世界ですか。

佐藤――そのとおりです。ドストエフスキーの描いているのは、彼の創作ではなく、ロシアのキリスト教の地《じ》の話、そこらへんによくある信仰の形態にすぎない。神秘によって神と人間が直結するのは、聖霊論、キリスト論、教会論などがぜんぶかかってくる話になる。

　もうひとつロシアに行って感じたのは、グノーシス【10】という言葉にあまり悪いイメージがないことです。だから、ロシアのインテリたちが雑誌をつくるとき『グノーシス』という名前をつけたりする。「人が神になっていく」ということに対しても、ほとんど抵抗感がない。

深井――テオーシス【11】というものでしょうか。

佐藤――そうです。だから、シュライアマハーは、ロシアでもよく読まれましたが、ロシア正教【12】の文脈からすると、（西方キリスト教も）ようやくまともになってきたぞ、という感じで受けとめられたわけです。

深井――東方の神秘主義と革命思想はつながっているんでしょうか。

佐藤――直結しています。

深井――直結ですか。

【9】**ドフトエフスキー**　フョードル・ミハイロヴィチ・ドフトエフスキー。一八二一―一八八一。ロシアの小説家・思想家。正教思想と帝政ロシアの社会・文化を背景に、人間の実存を問う作品を発表。当局に逮捕され死刑判決を受けたこともある（恩赦によりシベリア流刑）。作品に『カラマーゾフの兄弟』『白痴』『罪と罰』（邦訳、新潮文庫他）など多数。

【10】**グノーシス**　「グノーシス」は「知識」「認識」という意味のギリシア語。紀元二―三世紀のヘレニズム世界で大きな勢力を誇った思想運動「グノーシス主義」のキリスト教版、「キリスト教グノーシス派」が、キリスト教最大の異端として正統派と激しく対立した。グノーシス主義も多様であるが、徹底した二元論をとり、悪なる偽の神が創造したこの物質世界は完全に悪であるから、霊は叡智を得ることで物質世界を離れて真の神の世界をめざすべきという現世否定的な世界観を持つ。

【11】**テオーシス**　神成、神化。人は本来神の似姿として創造されたこと、および聖書の「神の本性

佐藤――聖霊の力は直接個人に来るので、世俗的なかたちであれ何であれ、個々人が真理を持っているし、それを体現できるという強い確信が持てるのです。ニコライ・ベルジャーエフ【13】は『ロシア共産主義の歴史と意味』のなかで、「マルクス主義の知識がいくらあったって、ロシア共産主義はわからない。これは修道院の極端な神秘主義思想の文脈で見たほうがいい」という言いかたをしています。

深井――西方でも、聖霊主義と革命思想はつながると思います。たとえば、フィオーレのヨアキム【14】です。世界史を父の時代、子の時代、聖霊の時代と三つにわけるとき、聖霊の時代はいつはじまるのか、ないし、はじまったのか、という問題は、宗教的であると同時に、政治的になるのです。教会が「聖霊の時代はわれわれとともにはじまったのだ」というなら保守主義になりますが、フィオーレのヨアキムは「聖霊の時代はまだはじまっていない。この先に来るのだ」と主張した。つまり現在の教会の支配体制のあとに別の時代がはじまるというのですから、現体制の批判であり、革命思想になる。だからこそ彼は異端と呼ばれたのです。

つまり西洋の神秘主義の系統のなかには、聖霊の時代を待ち望む歴史的な神秘主義があるわけです。これがマルクス主義や共産主義革命を受けとめる土壌になったのではないかと私は感じます。

にあずからせていただくようになる」（ペトロ二１・４）との記述などに基づき、実践と観想をとおして、人が神のエネルゲイア（神の働き、とくに聖霊の働き）と結合し、神的な恵みを分有して、神に似たものとなるという正教の教義。ただしキリストが完全な神性と完全な人性を持ちながら神性と人性は混合したり変化したりしないように、神成しても人が人でなくなるわけではなく、また「魂における神化を類比的に分有することにより、身体も神化」するという（マクシモス「神学と受肉の摂理とについて」の「第二の百の断章」八八『フィロカリアIII』新世社）。（メイエンドルフ『ビザンティン神学』新教出版社、ティモシー・ウェア『正教会入門』新教出版社などを参照）

【12】ロシア正教　東方正教会はカトリックのような全世界的組織やヴァチカンのような中心を持たず、国や地域ごとに組織をつくり、そのロシアでの組織がロシア正教会。教派としては正教だが、ロシアならではの独自性がある。その歴史は一〇世紀末に遡るとされるが、独立教会となったのは一五世

佐藤――私も革命思想には、キリスト教の終末論だけではなく、ユダヤ教のカバラ思想とか聖霊の機能がものすごく関係していると思っています。

　もうひとつ神秘主義で重要なのは、神秘主義は一回飛び越えると、そのあとはすごく論理的なことです。中世の『不可知の雲』【15】という作品がありますが、瞑想者の魂は不可知の雲からずっと上がっていって神に至る。その最初の入り口のところで飛び越えると、そのあとはものすごくアリストテレス論理学的な展開になる。

深井――ところがシュライアマハーは、後期には神秘主義から距離をおきます。いわば教会の御用神学者になりましたから、そうは言えなくなった。それが『信仰論《グラウベンスレーレ》』の時代です。しかし初期には神秘主義を高く評価した。カール・バルトも同じで、『ローマ書講解』の初版は、既存の教会と宗教制度批判からはじまりますが、なぜか彼は後に「教会教義学」と言いだす。

佐藤――最初は「キリスト教教義学」と言っていたのに、やめてしまうのですね。

深井――そうです。しかし、バルトが教会的だったかというと、そうではない。佐藤先生が言われたとおり、サクラメントについての彼の考えも、神学的には徹底されているかもしれませんが、伝統的な意味で教会的とは言いがたい。バルト

紀で、コンスタンティノープルが陥落し東ローマ帝国が滅亡すると正教の中心となり、モスクワは第三のローマといわれた。その後、ロマノフ王朝のロシア近代化のもとで統制は強化され、さらにロシア革命後の共産主義政権で徹底的な弾圧を受け、一九二〇年代から三〇年代にかけて膨大な数の教会が閉鎖され、多くの聖職者や修道士が投獄されたり収容所に送られた。殉教した主教は一三〇名以上、殉教した司祭は数万人を超えるとみられ、一九一四年には五万四〇〇〇あった教会は第二次大戦が勃発した一九三九年には数百に、五万以上いた聖職者の数も数百、活動を許されていた主教は四人だけで、神学校の数はゼロとなったという。しかし戦争末期スターリンは方向転換し、戦後、社会活動や教育は許さなかったものの、教会の復興を容認。一九五九年から六四年にかけてフルシチョフによる弾圧を受けるものの、その後は比較的平穏に推移し、ゴルバチョフのペレストロイカ期の一九八八年には教会の数七〇〇〇、聖職者七〇〇〇名、神学校も三校になっている。一九九二年のソ連崩壊後はさらに急速に復興している。（テ

のいう教会がいったい何だったのか、いまだによくわかりません。

ドイツ・ロマン主義の血

深井――他方、ティリッヒには神秘主義の要素がずっと残っています。その彼の教授資格取得論文《ハビリタティオン》(Habilitation)【16】(である「啓蒙主義時代のドイツ神学における超自然の概念――シュライアマッハー以前の超自然主義神学を叙述しつつ」)でも、シュライアマハーについても論じられています。

このとき彼がシュライアマハーから受けとったのは、たぶんにドイツ観念論的、あるいは、ドイツ・ロマン主義的なものであって、切っても切れないものとしてドイツ人のなかに残っている、汎神論的【17】といってもいいような自然と一体化する神思想です。

佐藤――よくわかります。シェリングの『人間的自由の本質』なんて作品がずっと読みつがれていくのは、あのなかに神秘的な心地よさがあるからなのでしょう。

深井――だから、シュライアマハーの「宇宙を直観する」ということは、ティリッヒにはよくわかるのです。精神的というより肉体的にわかる。われわれにはわ

ィモシー・ウェア『正教会入門』新教出版社などを参照。数値も同書より)

【13】ニコライ・ベルジャーエフ　一八七四―一九四八。ロシアの哲学者・神秘主義者。ロシア革命後の一九二二年にフランスへ亡命し、パリで一生を終えた。著作に『ドフトエフスキーの世界観』『マルクス主義と宗教』『歴史と意味』など多数。『ベルジャーエフ著作集』(全八巻、白水社)があり、第七巻が『ロシア共産主義の歴史と意味』である。

【14】フィオーレのヨアキム　一一三五頃―一二〇二。中世の神秘主義者。イタリア半島先端、カラブリア地方フィオーレの修道院長。聖書の解釈によって、歴史を「父の時代」「子の時代」「聖霊の時代」にわけ、父の時代を祭司と預言者の時代、子の時代を聖職者と教会の時代、聖霊の時代を修道者の時代とし、聖霊の時代を理想世界のように描いた。また世代計算によって、聖霊の時代の到来は一二六〇年頃だと予言した。この予言は外れたが、予言の方法論を提供したこと、教会の支配の終わり

からない世界です。単純な例でいうと、森を歩くとか、散歩を喜ぶといったことも、すべて含まれている。ワンダーフォーゲル（Wandervogel）【18】の示す生きかたなんて、まさにそれです。

ティリッヒはヴィンゴルフ会【19】というクラブに属していました。このクラブは（当時の学生クラブのなかではめずらしく）決闘はしませんが、ワンダーフォーゲル同様に「自然への回帰」を掲げていましたし、「永遠の真理の直観」をモットーにしていました。彼らは夜に一生懸命討論するのですが、それは、真理は向こうからやってくるので、討論のなかで何かを認識できると思っていたからです。哲学でも神学でも法学でも、みんなで集まって議論をするところに、自分たちの宗教性のようなものを見いだしているところがある。

「純粋性」も彼らの特徴でした。だからヴィンゴルフ会は男性しか加入できない。女性は入れない。そこに純粋性を見ている。そういうかたちで世界とつながっている。

佐藤——興味深いですね。

深井——まったく論理的ではないので、ドイツのこういう系統の思想はわかりにくい。

と修道者の時代の到来を告げたことで、修道者、とりわけフランシスコ会に多大な影響を与えた。

【15】『不可知の雲』 一四世紀末イングランドの神秘主義の書物。作者不詳。観想において、神と魂のあいだには不可知の雲があるが、理性を脱ぎ捨て、盲目のままに愛の意志で、いわば不可知の雲のなかで不可知のままに神を知る思想を描く。邦訳は、奥田平八郎訳、現代思潮社、および斎田靖子訳、エンデルレ書店（奥田訳の解説を参照）。

【16】教授資格取得論文 ドイツの大学には厳格なヒエラルキーと教授資格制度の伝統があり、大学の正教授に就任するには、教授資格論文や口頭試問、試験講義などの審査に合格していることが求められた。一九七〇年代に大規模な大学改革があり、教授就任の条件にも若干の変更が加えられたが、いまなお教授職に就くには原則として教授資格が必要。教授資格試験は博士論文よりも高度のものが求められ、博士号取得から数年かかるのが普通で、教授資格を得るのは早くて三四-五歳になってし

日本の神学者がなぜバルトに飛びついたかといえば、バルトはわかりやすかったからだと思います。歴史や伝統、ロマン主義のような日本人にはわかりにくいものではなく、向こう側から来る神の自己啓示からはじめてくれるので、こういう世界を通らないですむ。

それに対してこちらの流れはわかりにくい。民族主義的なものとも簡単に結びつく。いや、むしろ民族主義的なものから出てきている側面が強いのかもしれない。しかし、ドイツ思想の流れという点では避けて通ることができません。

佐藤――ロシア的な文脈から見ると、神智学[20]が流行したときに似ている気がします。一番の違いは女性でしょうか。神智学においては常に女性の神秘化が決定的に大きな地位を持ちますから。

ドイツにおける「霊」

教育の改善ということは、すべての革命と同じように、最高原理からはじまるわけではないのです。教育の革命というのは、結局は次第にまたもとのプロセスへと舞い戻ってしまうようなもので、外的なわずかな変化だけが起こ

まうという。

【17】汎神論　神と世界は同一であり、あらゆるものは神の現れであるとする思想。

【18】ワンダーフォーゲル　一八九六年のドイツで、ギムナジウムの生徒だったカール・フィッシャー（一八八一―一九四一）がはじめた野外活動を行う運動。社会の拘束を逃れ、自然に帰り、自由を満喫するというもので、急速に若者の人気を得た。はじめは野原を歩き、歌を歌うといったものだったが、徐々に長距離のハイキングやキャンプも含む大規模なものになっていった。戦前の日本にもとり入れられ、現在も高校の部活動や大学のサークルにワンダーフォーゲルが存在する。

【19】ヴィンゴルフ会（Wingolf）ドイツの学生のキリスト教的友愛会（フラタニティ）のひとつ。モットーは「Di henos panta」（「すべてはその方によって」フィリピ4・13）。神学者のハルナックもティリヒと同じベルリンのヴィンゴルフ会のメンバーだった。

り……（一六〇頁）

深井——ここでシュライアマハーは、なぜ「革命と同じように」と言ったんでしょうか。

佐藤——文化拘束性の強さを言いたかったのでしょうか。革命というかたちで何かをはじめても、大体はまたもとに戻ってしまう。教育でもそうなる。最高原理を打ち立てて、構築主義的にやろうとしても、必ずもとのプロセスに戻ってしまう。

深井——そうかもしれない。宗教を教えたり宗教的なものを理解させるために、教会はさまざまな試みや改革を行っている。それに対する批判かもしれません。宗教的なものは実際には直観ですから、そこに戻ってしまう。

佐藤——このあと、「感覚の三つの異なった方向性」という非常におもしろい箇所があります。

ひとつは内部に向けられ、自我そのものに向かい、別のものは外部に向けられ、世界観の無規定なものに向かい、そして第三のものは二つを結び付け、

【20】**神智学**　一九世紀にブラヴァツキー夫人（一八三一–一八九一）によって提唱された古代の叡智の探究と普遍宗教をめざす運動。グノーシス主義から仏教やヒンドゥー教、心霊主義など西洋と東洋の神秘思想を大胆にとり入れ、すべての宗教は本来ひとつであり、魂は輪廻をくりかえしながら霊的に成長し、神の叡智に回帰するとした。のちのニューエイジ運動やスピリチュアリズムの源泉となった。

それによって、意識は、絶えず両者の間をあちらこちらへと動揺しながらも、両者のもっとも内的な結合を無条件に受け入れ、安定するようになる、というものなのです。（一六二頁）

これは明らかに内在的三一論【21】です。この流れだと、やはり聖霊が決定的に重要な機能を担うことになりそうだ。

深井――そうですね。ただ、シュライアマハーの初期、この時期における「聖霊」が、伝統的な意味での聖霊かどうかは一考の余地があるかもしれません。

佐藤――そもそもシュライアマハーは、三一論に関してはどういうスタンスなんですか。

深井――三一論については、非常に淡白な記述しかしていないのです。『信仰論《グラウベンスレーレ》』でも最後のほうに出てくるだけです。バルトからモルトマンまでの二〇世紀の神学者たちが三位一体論を前面に出したのとはまったく違った世界です。

佐藤――バルトが三一論からはじめるのに対して、『信仰論』は最後の付録みたいなもので、なくても大丈夫という感じですか。

【21】**内在的三一論**　三一論（三位一体論）は、父なる神と子なるキリストと聖霊が、異なる独立した位格（ペルソナ、ヒュポスタシス）でありながら、同一本質（ホモウーシオス）であるとするキリスト教の教理。内在的三一論は、天地創造以前の無時間・永遠の相においても神の三一性が成立していることをいう。（佐藤敏夫『キリスト教神学概論』新教出版社を参照）

深井――『信仰論』の場合は、佐藤先生が言われるように、三一論をまさに付け加えたのだと言ってもよいような内容です。三一論がないと……。

佐藤――三一論がないと、めんどくさいことになりかねない（笑）。

深井――そうだと思います（笑）。シュライアマハーの場合は、この『宗教について』のキリスト論的な記述も、キリスト論として読んでいいかどうかよくわからないような議論しかありませんし、『信仰論《グラウベンスレーレ》』のキリスト論も問題だと、伝統的な贖罪論を重視する人々から言われたのです。だからシュライアマハーは「神論しか立派なものがないから神秘主義者だ」と批判されたりもするのです。

この箇所の聖霊、あるいは聖霊の働きについて言うと、シュライアマハーは伝統的な意味での聖霊ととらえているのか、それとも――彼は汎神論的に宇宙も宗教だと言いますから――大宇宙と小宇宙をつなげる働きとしての霊、あるいは普遍精神のようなものを考えているのか。そこがまず問題なんです。

佐藤――文脈からすると、何となく後者のような気がします。

深井――こういう考えは、ドイツ人にはわかりやすい。ドイツ人の三位一体論は大体こうです。佐藤先生がお読みになると、東方の三位一体論や伝統的な三位一体論と比べて、ドイツの三位一体論は何か違うんじゃないかとお感じになるのではないでしょうか。それは、ドイツの伝統的な汎神論的な民族性から出てくる「霊」との深いつながりです。
だから、ドイツ人が「ガイスト（Geist 霊）」という場合には特別な意味がある。「ハイリガーガイスト（Heiliger Geist 聖霊）」という言いかたもたしかにありますが、たとえばティリヒは「ハイリガーガイスト」とは言わない。彼にとって「ガイスト」は特別な意味をもっています。アメリカに行ってからは、これをどう説明するかでかなり苦労していると思います。いずれにしてもティリヒがドイツで、とりわけ第一次世界大戦前後に「ガイスト」と言うときは、キリスト教的伝統とは違うところから出てきたものが含まれているような気がする。
佐藤――「ガイスト」と「プネウマ（Πνεῦμα）」の関係はどうなりますか。
深井――「ゼーレ（Seele 心）」が「プシュケー」。「プネウマ」は「ガイスト」ですね。神学ではラテン語の「スピリトゥス」を「ハイリガーガイスト」と訳します。
佐藤――ロシア語だと、「プネウマ」が「ドゥーフ（дух, dukh）」で、「プシュケー」が「ドゥシャー（душа, dusha）」。英語だと、「プネウマ」が「スピリット」で、「プシュケー」が「ソウル」ですが、たぶん微妙に意味領域のずれがありそうです。
「ガイスト」はドイツにおいては重い言葉ですか。

深井——重い言葉です。重層的と言うべきか。一方、教会のなかでは、伝統的に「ゼーレ」はきちんと使われてきたと思います。

佐藤——そもそも「牧会」が「ゼールゾルゲ（Seelsorge）」（直訳すると「魂の配慮」）ですね。

深井——そうです、「ゼールゾルゲ」。ですから「ゼーレ」のほうがキリスト教的な伝統があるように感じる。ただし、きわめてギリシア的、アリストテレス的なイメージが強い。「ガイスト」は、「ドイツ精神（Deutscher Geist）」というくらいで、民族性が強い印象があります。

佐藤——英語だと「スピリット」のもうひとつの意味は、アルコール度の高いウオトカかジンのような酒ですよね。あの鼻にツンと来るような酒の雰囲気は、イギリス人にとって、聖霊の意味領域と重なるのでしょう。ドイツ語の「ガイスト」から、キルシュヴァッサー【22】なんかのイメージは出てこないでしょうから（笑）。

深井——たしかにそうですね。そこが違うのかな。

【22】**キルシュヴァッサー** サクランボを発酵させ、蒸留してつくるドイツの酒。無色透明。アルコール度数四〇度くらい。

佐藤——ロシア語の語感だと、「霊」というと個性がない感じがします。命の原理のような感じ。それに対して「ドゥシャー」（魂）というと個性があるイメージです。

だから乱暴にいうと、魂があれば必ず霊もないといけない。必要条件になっている。しかし、霊があるからといって必ずしも魂があるとはかぎらない。

深井——キリスト教神学でも大問題だと思います。はたしてガイストは人格なのか。三位一体というとき、聖霊は位格のひとつではありますが、父や子と同じような意味でペルソナなのかという議論はずっとある。また、ドイツ精神《ドイチャー・ガイスト》という場合の「ガイスト」は人格性はあるのでしょうか。

イメージとしてはやはり土地だと私は思います。それと血。ガイストは土地と血です。土地と血には精霊が——「聖霊」ではなくて——宿る。これはピンと来る。だからこそ「精霊」と「聖霊」の混同を避けるために、「聖霊《ハイリガーガイスト》」の位格性・人格性をドイツの神学者は強く言うようになるのでしょう。

感覚の三つの異なった方向性については、誰でも自らの意識から知ることができるはずです。ひとつは内部に向けられ、自我そのものに向かい、別のものは外部に向けられ、世界観の無規定なものに向かい、そして第三のものは二つを結びつけ……

この「第三のもの」というのは、まさにシュライアマハー的な意味での霊なのでしょう。「内部に向けられ」とか「外部に向けられ」というのは、感覚の働きなのかな。

佐藤――内在的三一論と経綸的三一論[23]を意識しているのかもしれません。

深井――経綸的三一論……、なるほど展開していくイメージですね。

佐藤――ええ、展開して歴史と結びついてくる。

深井――たしかにそうですね。

佐藤――でも、ここに三一論的な感覚が出てくるということは、案外正統を外していないということです。

深井――シュライアマハーは一応正統を踏まえて、その上で批判するところがあります。「いまの教会のほうこそピントが外れてるぞ」と言いたいからだと思うのです。

【23】**経綸的三一論**　救済史的三一論ともいう。時間の相における三一論。父なる神が天地を創造し、子なる神を派遣し、受肉によって人となり、十字架、復活を経て、昇天して父の右に座すとともに、聖霊が派遣される、というように救済史に沿って父-子-聖霊が展開する。（佐藤敏夫『キリスト教神学概論』新教出版社を参照）

第4章

宗教における社交、あるいは教会と聖職者について

『宗教について』第四講話

宗教の本質は社交にあり

佐藤――第三講話の三一論と神秘主義は、直観と感情と並んでこの本の鍵ですが、もうひとつ、深井先生のシュライアマハー解釈のポイントに、「社交」という概念があります。宗教の本質は社交である。神秘主義の問題も、三一論的な聖霊の機能も、どちらも社交の機能なのですね。

深井――シュライアマハーは、「社交（das Gesellige）」という言葉を生涯使いつづけます。彼は社会における一般的な意味での「社交」と聖なるものとしての「社交」の両方を論じています。過去の翻訳では、「社交」と訳さず、「団体」と訳していました。この言葉の感覚が出ていないことを残念に思っていましたから、私はあえて「社交」と訳してみたのです。

佐藤――「団体」ですか？

深井――「団体」と訳すと宗教の制度論になってしまいますが、そうではない。宗教的な社交なのです。このことは彼がサロンの神学者だったことからもわかります。

『宗教について』でも、はっきりとこう言っています。

宗教が存在するからには、それは必然的に社交的なものでなければなりません。そのことは人間の本質に基づくだけではなく、むしろそれは宗教の本質に基づくものなのです。（一七三頁）

ここはたいへん重要です。直観だから個人主義になると思いがちですが、そうではない。「直観の共有」、あるいは、直観がどのように伝わり、どのように共同体を形成していくのかといった議論をするのです。（第五講話の）「諸宗教について」では、いろいろな宗教にわけ入って——とはいえ、諸宗教といっても実際にはユダヤ教としか比較していませんが——直観の共有の仕方についての議論もしています。

シュライアマハーはこう言います。

宗教についての人間の感性は、宗教の無限性と人間の有限性とを感じることでただちに生じるというものではありません。人間は宗教の本当に小さな部分だけしかとらえていないことに気がつき、直接的には到達し得ないものを、他者を媒介することによって知覚しようとするものです。（一七五頁）

これは社交がないと成り立ちません。

社交には三面があって、ひとつは媒介してくれる人との社交、それから神との社交、そして人間同士の社交。この本では、そういういくつもの層がそれぞればらばらに、あちこちで論じられている。整理して論じてくれればいいのに、と思うんですけどね。だからここで媒介者・仲保者の議論もすれば、宗教的なリーダーとイエス・キリストを重ねあわせて説明したりもするのです。

佐藤——初期のマルクスの「交通」のような概念ですね。

深井——その場合の「交通」とは、どういう意味なのでしょうか。

佐藤——マルクスは『経済学・哲学草稿』で交通をたいへん重視しているのです。たとえば鉄道がつながらない町は、世界のなかにない、という。さらに、人間と人間の関係もぜんぶ交通だと言っている。交通という概念で世界を組み立てられないか、若いころ試していた。

というのも、外部と接触せずに内側に閉じこもっているだけなら人間ではない。

なぜなら社会がないからだ。その意味では交通は、知的な相互作用ということになりますね。

深井——そうですね。シュライアマハーは次のようにも言っています。

このような場合でも、宗教の伝達を他の概念や認識のように、書物の中に求めることはできません。〔書物という〕媒体に従うと、根源的な印象から実に多くのものが失われてしまうのです。（一七五頁）

書物の宗教ではない。人々の生《なま》の会話や交流のなかに伝達されるものがある。

佐藤——言っていることはよくわかりますが、これは一種の自己言及命題【1】だから、この書物にも適用されることになりませんか（笑）。

神の国と共和政

深井——それからシュライアマハーが、「神の国【2】」について述べているところがある。これはおもしろいけれど、どう解釈すればいいいか、実は私もあまり自信が

【1】**自己言及命題**　典型的には「私は嘘つきである」「この命題は偽である」のように、命題自身がその命題の真偽に否定的に言及し、整合的な解釈のできない命題（嘘つきのパラドクス）。この箇所においては「書物のなかに伝達はない」と言ってしまうと、『宗教について』自体も書物だから、この本にも伝達はないことになってしまい、ひいては「書物のなかに伝達はない」という主張も伝達されないかもしれないということ。

【2】**神の国**　キリスト教において、終末が到来し、キリストが再臨し、神の支配が地上に実現した永遠の世界、ないし、神の支配が地上に実現した至福の状態。イエスの降誕以降、神の国は実現しつつあるともいえる。リッチュルは神の国を富や身分に関係ない愛の倫理的共同体と考え、現世で実現をめざすものと考えた。

ない。

私はみなさんに、このような神の国における豊かで、喜びに満ちた生活の姿をここで少しだけ語ってみることにしたいと思います。この神の国に集まっている市民たちは、自由を目指して流れるそれぞれの力に満ちあふれ、他の人が彼に差し出すものの全てを彼は受け止め、自分のものにしようという聖なる欲求に満ち溢れているのです。神の国では、もし誰か一人だけが卓越した能力を得るということがあったとしても、それは職務上の行為とか契約上の責任から、そのような資格を与えたのではないのです。あるいは傲慢や自惚れが彼にそんな僭越な思いを抱かせたのでもありません。むしろそれは精神の自由な働きによって引き起こされたのです。あるいはまた個々の人々をあらゆる人々と心から結び付ける感情、すなわち、完全な平等の感情から生まれたのであり、あらゆるものに見出される第一のものと最後のもの。つまり、あらゆる現世的な秩序をみなで一斉に否定することによって生み出されたものなのです。この卓越した人は、彼自身の直観を他の人々のための対象として示し、彼らを彼らの故郷である宗教の領域に案内し、彼の聖なる感情を彼らに分け与えるために、自ら進み出るのです。この卓越した人物が宇宙を語り、一般の人々は、聖なる沈黙のうちに、彼の情熱のこもった話に聞き従うのです。……（一七七―一七八頁）

これは、最初の原始共同体を言っているのか、それとも教会の真にあるべき姿を言っているのか、どちらなのか。

佐藤――いずれにせよ、一種のエリート主義であることはまちがいないですね。

深井――それはそうです。エリート主義と平等主義。あらゆる身分の差、はじめか終わりか、富んでいるか否か、そういうものはいっさいなくなって、平等になって、宗教的な能力だけが共同体を形成する判断基準になる。宗教的能力に秀でている人は、みんながその権威を認めているので、その人を通して（宇宙の直観が）語られる。

彼自身の直観を他の人々のための対象として示し、彼らを彼らの故郷である宗教の領域に案内し、彼の聖なる感情を彼らに分け与える……

そういう仲保者みたいな人がいて、その人との社交が共同体をつくりだすイメージです。

佐藤——次の箇所もそうですね。

この社会は、誰でもが聖職者になるという意味では聖職者的な人々で成り立っており、それは完全な意味での共和政なのであり、誰もがそこで相互に指導者であり、大衆でもあり、それぞれが他の人の力に従いながらも、その力を自らの中にも感じて他の人を支配するのです。（一八〇頁）

深井先生がおっしゃるとおり、宗教的な適性を除いて、あとはぜんぶ平等。宗教的な適性も、上下の関係ではなくて、人間の適性の話だという。

深井——シュライアマハーは、ベルリン大学に行ってから国家論の講義を行っていますが（一八〇八／〇九冬学期、一八一七年夏学期、一八二九年夏学期、一八三三年夏学期）、彼の講義の原形はこれではないかと感じます。『宗教について』は、フランス革命（一七八八–一七八九）直後の一七九九年の本ですが、あんまり革命的にはならない印象がありますが、やはりフランス革命の影響を受けているのでしょうか。
佐藤——王政ともあまりなじまない感じですね。フランス革命のインパクトを考えると、影響がないはずはないですが、それでもこの時点のプロイセンで共和政を主張するのは、かなりリスクがあったでしょう。
深井——だからこそ最初は匿名で出版したりしたわけです。このあとハレ大学勤務を経由してからのシュライアマハーは、フランス革命にすごく批判的になる。ただ、この時点ではどう考えているのか……。
佐藤——一定の影響を受けている感じはします。
深井——もしかしたらシュライアマハーの描写は、原始キリスト教というか、イエスと弟子たちの関係をモデルにして、現代の社会や教会に適用しているのかもしれません。私も確信が持てないのですが、この箇所に登場する宗教的な英雄とイエス・キリストを重ねているのかと思うのです。佐藤先生はどう思われますか。初期シュライアマハーがこのような文脈で神の国について語るのはめずらしいんですよ。
佐藤——むしろパウロに近いように思えます。もちろんパウロは神の国とは言っていませんが、卓越した人は、彼自身の直観を他の人々のための対象として示し、彼らを彼らの故郷である宗教の領域に案内し、彼の聖なる感情を彼らに分け与えるために自ら進み出るのです。（一七八頁）

深井——でも次のようにも言っています。

この箇所などは、パウロの使徒観に近い感じがします。

職務上の行為とか契約上の責任から、そのような資格を与えたのではないのです。（一七七頁）

佐藤——そうなると、イエスしかいなくなりますね。

深井——イエス・キリストは、当時の職制をはじめとするユダヤ教の枠組みをすっとばしてしまう。律法も否定する。しかしイエスを通して何かが語っている。彼の直観、つまり神の直観が、他の人々にその対象（＝神）を示している。彼らを彼らの故郷である宗教の領域に戻し、聖なる感情をわけ与える……。

佐藤――これはたしかにイエスでしょうね。神の国を「見えない教会」とすれば、すんなりいく解釈になる。

深井――それが今日の教会の原形だ、と言っているとすれば、ものすごい教会批判になる。王政批判にもなります。

佐藤――この箇所を論理的な解析していくとそうなりますね。そのあとに出てくる共和政にもきれいに結びつく。

神の国は建設するものか

誰もがそこで相互に指導者であり、大衆でもあり、それぞれが他の人の力に従いながらも、その力を自らの中にも感じて、他の人を支配する。(一八〇頁)

深井――この箇所にもうひとつ神学的な問題があるとしたら、「神の国は到来する」と見ているのか「神の国はつくりだすもの」と見ているのかということです。

佐藤――リッチェルとも連動性があるのでしょうか。

深井——そうですね。「神の国形成論」というと、理想社会をつくろうという話になる。日本の文脈では、たとえば賀川豊彦[3]ですね。他方「そうではない。神の国は到来するんだ」という考えもあって、これは革命論的になる。シュライアマハーが共和政というとき、どちらなのか。これはちょっと悩むところで、どちらとも解釈できる。

佐藤——両義的でどちらともとれますが、終末論的な希望を求める文脈ではない。

深井——たしかにそういうものはないです。

佐藤——でも歴史の文脈を考えれば、これだけ批判しても啓蒙的理性が知識人のあいだで主流になりはじめているのはたしかです。すると、地上に神の国を建設するという方向になるのではないでしょうか。

深井——この時代の人たちは基本的に神の国を建設すると考えているのでしょうね。聖書はどちらともとれる。到来する神の国と、ここにすでに来ている神の国の両方になる。

佐藤——ひょっとすると、あえて両義的な感じで書いたのかもしれません。あるいは、シュライアマハー自身、まだ考えが煮つまっていなかったかもしれません。

【3】**賀川豊彦** 一八八八―一九六〇。キリスト教社会活動家。神戸生まれ。一九〇四年に受洗し、神戸神学校に入学。神戸の貧民街で伝道活動をはじめる。一九一四年に渡米、プリンストン神学校に学び、帰国後は、労働組合運動、農民運動などさまざまな活動を展開。戦後は貴族院議員も務め、社会党結党にも関わるなど政治家としても活躍した。著書に当時のベストセラー『死線を超えて』などがある。『賀川豊彦全集』（全二四巻、キリスト新聞社）がある。

保身に走る男

佐藤――シュライアマハーは『宗教について』を何回書きなおしているのですか。

深井――出版に至るまでの草稿は確認したことがないのでわかりませんが、四版まであり、三版で大きな改訂をしています。

佐藤――初版を読んだ印象からすると、一回原稿を書いたらあまりなおしていない感じですね。

深井――そうかもしれません。

佐藤――となると、神の国についてもあまり突きつめていないかもしれません。むしろお筆先的な感覚で一気に書いた感じがします。

深井――この『宗教について』は第三版ですごく改訂しているのです。第三版の邦訳は存在しないので、日本語では比較できませんが、かなり弁護的になっている。

おそらく佐藤先生がおっしゃるとおり、第一版は悩みながらも、集中して書きあげたのだと思います。この時期彼はポツダムにいて、執筆の様子をベルリンでサロンを主宰していたエンリエッテ・ヘルツ夫人に書き送っています。一七九九年二月一五日には「私はプラトンの対話篇を一つ読み、『宗教について』を少し書きすすめ、今手紙を書いています」、二月二〇日には「『宗教について』の意見を求めるためザックに〔原稿を〕送りました。第一講話は彼を喜ばすでしょうが、第二講話の結論はどうでしょう」などと書いています。その後言いすぎた箇所、ここまで書くと自分の教会での立場が危うくなるかもしれないような箇所を修正したのが第三版。だから第三版はつまらない。第一版で「ここまで言っちゃうんだ！」とみんながびっくりしたことを、シュライアマハー自身が修正してしまう。シュライアマハーってそういう人なんですね。

佐藤——保守化したらみんなそうですよ。エスタブリッシュされた場所を確保したらおとなしくなるものです。それが普通です。

深井——そうですか。

佐藤——ヘーゲルなんて若いころは凶暴ではないですか。たとえば『キリスト教の精神とその運命』[4]のときは凶暴です。『精神現象学』もまだまだ過激ですが、『エンチュクロペディ』になると、相当つまらなくなっている。

深井——思想は必ず前衛から後衛になる。守りに入ってしまうのでしょうね。

【4】『キリスト教の精神とその運命』 ヘーゲルが一七九七年から一八〇〇年（二七歳から三〇歳）にかけて書いた未完の草稿。生前は発表されず、死後七六年経って公刊。本書によると、ユダヤ教では神がすべてであり、ただ運命に打ちひしがれるだけの歴史である。イエスは「愛による和解」をもって立ち向かい、磔刑に処せられたが、その精神はキリスト教として発展した。しかしキリスト教は、教会と国家、聖職と世俗といった対立構造を解消できず、その精神と現実は融合できないという。邦訳に、長谷川宏訳、白水社など。（長谷川訳とその解説を参照）

佐藤――加齢もありますからね（笑）。

具体的な関係こそ至高

宇宙の直観によって高貴な喜びを受け、聖なる感情に貫かれた精神が、生命の最高地点を歩むことができるのは、ただ宗教的社交の領域に限られたことです。（一八四―一八五頁）

佐藤――直観と感情が社交というかたちにならなければ、ポジティーフにならない。シュライアマハーにとってポジティーフというのはいへん重要な概念ですね。目の前にきちんと把握できるかたちで現れなくてはならない。

深井――写真のポジとネガのポジと同じで、ネガではだめなのです。

佐藤――実証がまさにそうですが、ちゃんと可視化され、あるいは目に見えなくても感覚的にとらえられる。ただ、それが社交の領域に限られるというのは、関係主義的な印象があります。弟子がいなくては師はいない。師なくして弟子はいない。あるいは、夫と妻が個々別々にいるのではなく、夫婦という関係性があっ

ヘーゲル

て、そのそれぞれの個を夫と妻と呼ぶのだといえばいいでしょうか。

深井――その関係が歴史的に具体化しないと、宗教は宗教にならない。直観や感情についても、なぜそれが最高の直観・感情とわかるかといえば、シュライアマハーの言いかたからすれば、ふたつある。ひとつは宗教的天才と出会うとき。

佐藤――たしかにシュライアマハーはこう言っています。

すなわち宗教における社交においては、全ての人が受け取ることを欲し、与える者はただひとりしかいないということです。（一八八頁）

もちろんこれはまずイエスのことではある。しかしイエスだけではなくて、現実の社交が機能する場面を考えれば、「私しかいない」、すなわちシュライアマハーしかいないということでもある。

深井――もうひとつは、同じ感情を持っているという事実を共有できるとき、自分の認識が歴史性を持っていることがわかるのです。私だけだったら歴史性はない、私の言ったことに対して隣の人が「そうだ」と言ってくれるとき、その経験は歴史的なものになる。そういう感覚だと思います。

佐藤――宗教は私的言語としては成立しないのですね。必ず複数性がある。神とのあいだの複数性だけでは不十分で、地上での複数性が必要になる。

シュライアマハーの真意

深井――そのあとに教会が出てくる箇所があります。

これらの全てのことについて、みなさんはおそらく、私の考えと全く一致していると思います。私は教会を、教会の目的という考え方から構成してみたのです。そして現在の教会を特徴付けているあらゆる性格を否定し、教会の現在の姿をみなさんと同じくらい強く批判したのです。しかし私はみなさんに対して今ここで断言することができます。私はあるべきことについて語ったのではなく、〔今〕ある教会の姿について語ったのです。（一八六頁）

これはシュライアマハーの本音が洩れたところでしょう。たいへん重要な言葉で、彼はこの本でこれがやりたかった。そのあとにもちょっとおもしろいところがあります。

しかしその場合でも、ある、ということは、空間の制約に妨げられ、みなさんの大きな目に見えなくなってしまったものも、同じように、ある、と言い得るのだということをみなさんが否定しない限りにおいてそのように言うことができるのです。真の教会というのは事実そのようなものであったし、今でもやはりそのようなものなのです。もしみなさんがそのように見えないとすれば、その責任はみなさんにあるのです。そしてみなさんのそのような意見は明らかに誤解に基づくものです。私はみなさんにぜひ考えていただきたいのです。私が語ったことは、ひとつの古い、しかし大変含蓄のある表現である、戦いの中にある教会ではなく、勝利の教会についてであったということです。(同)

ここでシュライアマハーは伝統的な言いかたとは逆のことを言っています。

人類の歴史と現代が宗教的教養の進路を妨げるために持ち出されるさまざま

な敵と今もなお戦っている教会についてではなく、既にこれらの対立の全てを克服して、それ自身を築き上げた教会について語ったのです。私はみなさんに、自らの宗教の自覚に到達した人、また生への宗教的視点に支配されている人の社交について述べたのです。(一八六 - 一八七頁)

ここで彼の議論がつながる。ひとつの結論的な部分と言っていいと思います。

佐藤——たしかにそうですね。終点から見て現在を描くという、目的論的な構成をとっている。

深井——この点から見ても、感情と直観がこの本のひとつの重要なテーマであることはまちがいありませんが、そこだけで終わってしまうと、この本は理解できないのです。

佐藤——感情と直観は議論の入り口ですが、シュライアマハーは結論のところから目的論的にそれをどう見つめていくか考えている。

深井——そうです。それがこの本の読みかたなのです。『宗教について』という本は、どう読むべきかを言っておかなくてはならない。

佐藤——よくわかります。一種の理念型、本来のあるべき姿を未来に置いて、これが本来の姿で現状はそれから逸脱していると主張するのは、典型的な疎外論です。ただし理想と現実を単純に比較するのではなく、過去に理想を求めるのでもなく、未来に理想を持ってきて目的論的な構成にするのは、モルトマン[5]ともつながるかもしれませんが、希望の原理になる。現在どんなに問題があったとしても、終わりの時点では理想形になっているわけですから。

深井――過去を持ちださず、現代の教会を端的に批判できるという利点もあります。

佐藤――原始教会からの長い歴史のなかのさまざまな論争を迂回するために、目的論的構成をとって未来から語るのはうまいやりかたですね。

深井――「革命的」ともいえると思います。よいものは先にあり、それと合致していない現状の体制は、批判され、乗り越えられるべきものとなる。

佐藤――「イエスの教えの本来の形は未来において先取りされていて、未来においては明らかだから、現在のわれわれの課題はその先取りだ」という疎外論的な構成をとれば、たしかに革命的になりますね。

【5】**モルトマン**　ユルゲン・モルトマン。一九二六―。ドイツの改革派の神学者。ハンブルク生まれ。第二次大戦で兵役に就き、捕虜となる。戦後ゲッティンゲン大学福音主義神学部で学び、博士号を取得。牧師を経て、ヴッパータール神学大学教授、ボン大学教授、テュービンゲン大学教授を歴任。組織神学を教えた。著書に『希望の神学』『十字架につけられた神』など多数。

毒麦のたとえ

佐藤――そのあとでは、私はここが印象に残っています。

それは信仰者の社交と、信仰を求める者たちの社交、すなわちやがては再び分離してしまう本物と偽者が結局早い段階から交じり合ってしまっていて、不幸な状態が社会の中に広まっていたからなのです。（二〇四―二〇五頁）

これは毒麦の譬え【6】です。毒麦の譬えを使うのは、非常に教会に批判的と感じられる。

深井――その少し前に、シュライアマハーはこう言っています。「さて、次の問題です」というところからですが、

私は最近みなさんが、私がこれまで取り上げてきたような全ての批判をもう一度宗教に転嫁しようとするような、新たな抗議の声をあげているのを耳に

【6】**毒麦のたとえ**　イエスは、別のたとえを持ち出して言われた。「天の国は次のようにたとえられる。ある人が良い種を畑に蒔いた。人々が眠っている間に、敵が来て、麦の中に毒麦を蒔いて行った。芽が出て、実ってみると、毒麦も現れた。僕たちが主人のところに来て言った。『だんなさま、畑には良い種をお蒔きになったではありませんか。どこから毒麦が入ったのでしょう。』主人は、『敵の仕業だ』と言った。そこで、僕たちが、『では、行って抜き集めておきましょうか』と言うと、刈り入れまで、両方とも育つままにしておきなさい。刈り入れの時、「まず毒麦を集め、焼くために束にし、麦の方は集めて倉に入れなさい」と、刈り取る者に言いつけよう。』」（マタイ13・24―30。同13・36―43にイエス自身による説明がある）

するのです。みなさんは私自身が、すぐ直前に、教会的社交、すなわち宗教における信徒のための制度自体に、宗教の真の原理が欠けてしまっているのであるから、そのような制度は、事柄の本性からして、その社交の指導者である聖職者を、真の教会の構成員の中から採用するしかないのだ、と言ったことを忘れてしまったのか、と言うことでしょう。(一九七頁)

教会の現状を批判したとして、シュライアマハー自身も同じではないかと言われるかもしれない。しかしシュライアマハーは「いや、そうじゃない」と言いたい。つまり「私の批判は現在の教会に対してのものであるが、私自身はそうではない」と言いたい。そのために、いま佐藤先生が指摘してくださったことを言うのです。現在の教会には本物と偽物が混じりあっている。そして、未来に教会の理想の姿がある、というわけです。

国家と教会

深井――第四講話の最後は、国家と教会の関係をめぐる議論になっています。国

【7】**自由教会**　国教会は国家が運営主体であり、財政も国家が責任を持つのに対し、国家から離れ、自立して運営されているプロテスタント教会のこと。

【8】**古プロテスタンティズム**　神学者トレルチ(一八六六―一九二三)による分類で、みずからを正統なキリスト教と自認し、権力と結びつきがちで、さらなる改革を受け入れない保守的なプロテスタンティズムをいう。ルター派や伝統的カルヴァン派など。これに対し、さらなる改革を求め、権力

家は教会とどういう関係を持つか。シュライアマハーは基本的には相対的独立を言いたいけれど、現実には国家が教会の行為に介入していて、そのために教会的な社交がいかに崩れてしまっているかを告発している。

佐藤――シュライアマハーの基本的な教会観はあくまで国教会で、自由教会[7]ではないのですね。

深井――そうです。

佐藤――その意味では、古プロテスタンティズム[8]ですね。

深井――彼はそのなかで生きるしかないのですが、それでも抵抗しているのです。国家は教育を教会に任せるなど、両者が癒着してしまっているとか、王権と教会のありかたを批判して、両者の密接な関係を相対化しようとしている。

佐藤――文脈的にすごく重要なのは、フランス革命があったということです。この「革命的な機運」があるという文脈は、(エドマンド・)バーク[9]の『フランス革命の省察』も、国家体制に対する激しい批判をしています。体制を改革しなければ革命が起きるのではないかという危機感がある。だから、国教会や王政といった現体制を維持するという基本線を守るかぎり、国家としてもいろんな見解を聞きたい時期だったかもしれない。そういう意味では批判がやりやすい時期だっ

とは距離を置き、自立して、ときには急進的な運動も辞さないタイプを、新プロテスタンティズムと呼ぶ。洗礼主義、人文主義的な神学、スピリチャアリスムスなど。

【9】エドマンド・バーク　一七二九―一七九七。イギリスの思想家・政治家。ホイッグ党（のちの自由党）に属し、下院議員も務めた。保守主義の父と呼ばれる。自由も権利も伝統や慣習といった社会的枠組みあっての存在と考えるバークは、フランス革命に否定的で、その著『フランス革命の省察』（一七九〇）では、人権の名のもとに社会的枠組みを破壊したフランスは、かえって野蛮や権力を制御できなくなり、長期間の混乱と流血は避けられないと予想した。

たのかもしれない。ドイツやイギリスでもそうです。

激しい革命が起きると弾圧がはじまるというステレオタイプの考えがありますが、実際は逆ではないか。たとえば宗教改革が起きると、カトリックはトリエントの公会議をひらいて、対抗改革を行った。プロテスタントを叩きつぶすだけではだめで、自分たちの体制を変えなければいけないと考えた。革命後の国家は案外強行路線に行かないと思う。

深井——なぜ教会と国家は相対的に独立でなければならないかといえば、教会と国家がひとつになると、宗教が道徳化してしまうからです。教育で宗教を教えられるということになると、もう直観ではなくなってしまう。シュライアマハーは宗教は形而上学でも道徳でもないと言いますが、国家と宗教が結びつくことで宗教は道徳化し、この世の市民の論理、つまりは品行方正な市民を育てる原理になってしまう。そこがだめなのです。

佐藤——宗教が道徳に吸収される可能性は、国教会的なシステムの場合、非常に強いわけですね。

深井——そうなんです。ヨーロッパの国家は基本的に現代に至るまでそのかたちでやってきたので、宗教教育と道徳教育が微妙な関係にある。その点ではバルトはシュライアマハーと同じく宗教は道徳ではないという立場なので、「宗教を倫理化するな」「道徳化するな」「市民道徳にするな」と言うわけです。

いま（学習指導要領の改訂によって）道徳が教科化されましたが、そうなったら宗教の授業をどうすればいいのか。私の務めているキリスト教の学校でも大きな問題になっています。キリスト教系の中学校では、これまで道徳の授業を宗教や聖書の授業に読み替えてきたのです。宗教と道徳がどういう関係になっているのか、もう一度きちんと考えなおさなければいけない。

佐藤――しかし、道徳の授業で習得度をチェックし、評価した上で単位も与えるというのは異常な話ですよ。もっとも学習指導要領では、評価は文章で行い、点数はつけないということになっていますが。

深井――ただキリスト教の学校も、たとえば聖書の授業で試験をして点数をつけています。これも問題といえば問題ですから。

佐藤――いや、聖書科ならできる。客観的な知識を積みあげていく要素があるので、このチェックにはテストが馴染みます。倫理でもいい。道徳はやっぱり違います。知識ではなく価値観が問われるからです。

深井――とはいえ、どうやって道徳の教科書をつくるのかが謎です。結局、偉人伝しかないのではないでしょうか。すごく立派な人、善良な人の話を出して、みんなでこういう人になりましょうと持っていくしかないかもしれない。

佐藤――その場合、誰を出すのですかね。楠木正成【10】か、徳川家康【11】か。

深井――いまの道徳の教科書には松井（秀喜）【12】とか、長嶋茂雄【13】が出てくるようですが。

佐藤――スポーツ選手が道徳の模範になるということなのでしょうか。理解に苦しみます。

両立しないもの

ひとりの人間が神秘主義者であり、物理学的な神学者であり、聖なる芸術家であることは不可能であり、同じように、ひとりの人が理神論者であり、汎神論者であることも不可能であり、また預言や予見、そして祈禱の専門家であり、歴史や感覚的な表象の専門家であることも不可能なことです。（二一四頁）

【10】**楠木正成**　生年不詳―一三三六。鎌倉末期から南北朝時代初期の武将。出自不明。後醍醐天皇のもとで鎌倉幕府打倒に活躍、千早城の闘いではゲリラ戦などを駆使して少数で城を守りきった。後醍醐天皇と足利尊氏が決裂すると、圧倒的不利のなか出陣し、摂津国の湊川で足利尊氏の大軍と闘い、奮闘ののち自決した。不利でも天皇への忠義を捨てず、死の間際には「七回生まれ変わって朝敵を滅ぼしたい」と言ったとされることなどから、戦前の皇国史観では忠臣の鑑とされた。

【11】**徳川家康**　一五四三―一六一六。戦国末期から織豊時代の武将。三河の小勢力の子に生まれ、他家に人質に出されるなど苦労しながら、最終的に天下をとって徳川幕府をひらき、江戸時代三〇〇年の礎を築いた戦国の勝者。その苦労と忍耐が評価されることが多い。遺訓は「人の一生は重荷を負うて遠き道を行くがごとし。急ぐべからず。……」。

【12】**松井秀喜**　一九七四―。石川県生まれの元プロ野球選手。外野手。星稜高校時代から強打者と

佐藤――これはどういう意味でしょう？

深井――その前にある、

> どのような聖職者であっても、全ての人に対して万能であり、みなが要求するものをことごとく用意することなど不可能だということを理解していただけるでしょう。（同）

ということを具体的に説明したのだと思います。

佐藤――そこはよくわかるのです。たしかに（聖職者が）「万能であり、みなが要求するもの」を持つことはないでしょう。わからないのは組みあわせです。「神秘主義者」と「物理学的な神学者」が両立しないのはわかる。しかし「神秘主義者」と「聖なる芸術家」、「理神論者」と「汎神論者」が結びつかないというのは、ふしぎです。「預言や予見、そして祈禱の専門家」であり同時に「歴史や感覚的な表象の専門家」であることが不可能というのもよくわからない。

深井――最後の「預言、予見、そして祈禱」というのは、「まだ起こっていないこと」に対するセンスですが、後半の「歴史や感覚的な表象」というのは、いま、

して知られ、一九九二年の夏の甲子園の二回戦では五打席連続敬遠をされて敗退している。ドラフト一位で読売巨人軍に入団、二〇〇二年には渡米してニューヨーク・ヤンキースに入団し活躍した。二〇一二年に引退。日本球界では首位打者一回、本塁打王三回、打点王三回、通算本塁打数三三二本、通算安打一三九〇本。米球界ではタイトルはとれなかったが、ワールドシリーズMVPを獲得し、通算本塁打数一七五本、通算安打一二五三本。

【13】**長嶋茂雄**　一九三六―。千葉県生まれの元プロ野球選手（内野手）・監督。高校時代はほとんど無名であったが、その打力は知る人ぞ知る存在で、立教大学入学後は六大学野球で年間本塁打記録を樹立するなど活躍。プロ野球入りして巨人軍のスター選手となり、首位打者六回、ホームラン王二回、打点王五回を獲得、王貞治とともにON砲と呼ばれ、巨人軍のセ・リーグ九連覇に多大な貢献をした。ただし通算成績は本塁打四四四本、一五二二打点、打率三〇五と、傑出してはいるが頂点というわけではなく、デビュー戦で金田正一投

この感覚の表象ですから「現実的なもの」という対比ではないでしょうか。

佐藤――「予見」でなく「預言」の場合は、神さまから預かっている言葉をいうわけで、エレミヤが典型的だと思いますが、現状に対する批判でもある。だとすると、歴史的な表象の専門家でもあると思うのです。

　はっきり言えるのは、シュライアマハーはこれらの組みあわせが同じ土俵に上がらないと思っていたということです。なぜ彼はそう思ったのか。理神論と汎神論が同じ土俵に上がらないのは、理神論では、神さまは世界に最初の一撃を与えるだけで、そのあとの世界は法則にしたがって機械的に発展する……。

深井――そうですね。理神論の神は歴史や自然の外にいる。でも汎神論はなかにいる。そういう対比かもしれない。

佐藤――なるほど。神の外部性を認めるか、内在的なものだけとするかの違いですね。汎神論だと無からの創造がなくなってしまう。

深井――神秘主義と物理学的な神学の対比については、この場合の神秘主義は「ロゴスを飛び越える」ことで、物理学的な神学は「論理性」を言っているから……。

佐藤――この対比はわかるのです。問題は芸術家です。

手に四連続三振を喫したり、天覧試合でサヨナラ・ホームランを放つなど、記録より記憶に残る選手といわれる。
　現役引退後には、巨人軍の監督を二回・通算一五年務め、その間セ・リーグ優勝を五回、日本一を二回達成している。
　ユーモラスなエピソードが多く、独特の言語センスも愛され、「チョーさん」「ミスター・ジャイアンツ」などニックネームも多い。
　現役引退時には「わが巨人軍は永久に不滅です」という名台詞を残している。

深井――そうか、物理学的な神学者と聖なる芸術家のふたつが神秘主義と対立しているのですね。

佐藤――芸術は神秘主義と対立するものでしょうか。

深井――聖なる芸術家は論理ではなく直観で把握しますが、芸術家はそれをかたちにして表現する。一方、神秘主義は無媒介ということではないでしょうか。

佐藤――よくわかります。

深井――残るは「預言、予見、そして祈禱の専門家」と「歴史や感覚的な表象の専門家」ですが……。

佐藤――さきほど深井先生がおっしゃったように、預言者について、もっぱら「未来」に関わるとするなら理解できますね。ということは、「祈禱」ももっぱら未来ということになる。

深井――ここでは（「祈り」というより）「お願いをする」という意味での祈禱だと思います。いわゆる祈禱師みたいに「現状を変えてください」とか「病気を治してください」と、神さまにお願いするのでしょう。

佐藤――現状からの逃避ですね。

宗教と道徳

深井――このあとシュライアマハーは、聖職者と道徳について興味深いことを述べています。

ですから、聖職者が、自ら宗教をそれにふさわしく、適切な方法で説明し、同時に市民としての職務をも忠実に、完全になし得るのかどうか、ということは問題にはならないのです。もちろん聖なる職務にある者が、同時に国家に仕えて、道徳家であってはならないという理由はありません。またそれに反対する理由もありません。しかしこの点が重要です。その場合でもこの聖職者は、この両者の務めを平行させて、同時に行う必要があり、相互に混入させたり、混同してはならないということです。このような聖職者は、両方の本性を同時に身に着けたり、両方の職務を同じ行動の中で二重に実行に移すべきではないのです。(二一五頁)

聖職者は道徳家であってもいいが、その場合でも宗教と道徳を一緒にしてはいけない。晩年のシュライアマハーは、まさにこれだったと思います。彼は国家がいう道徳家であり、同時に聖職者でもあった。しかし両者を一緒にはしない。

佐藤――分離はされていないが、区別はされているわけですね。

もしどうしてもそうしたいのであれば、また国家がそれで満足するのであれば、その人は宗教的道徳家であればよいのかもしれません。しかし宗教の方でそのようなことは許されないのです。道徳化した預言者、あるいは道徳化した聖職者などはいかなる場合でも拒否されるのです。なぜなら宗教を伝達しようとする人は、ただそのことだけを純粋に行うべきだからです。ですからもし真の聖職者が、適切でない仕方で、いわば不条理な状況の中で国家との関係を保持しようとするならば、それは宗教という道に仕える専門家としてまったくふさわしくないことであり、自らの使命にまったく矛盾することになってしまうのです。(二一五–二一六頁)

深井――この箇所も、宗教の本質は形而上学や道徳ではないという以前の議論とつながっていますが、今度は、現在の教会の社交という文脈のなかで説明しています。

佐藤――「道徳ではない」というのは二重の意味があるのですね。ひとつはカントに対する批判。もうひとつは、現実のもっと実定的《ポジティーフ》なところにおける現実の国家との関係。

深井――このあたりは本当に微妙な議論です。なぜなら現実に国家はある。だからこそ最初は匿名で出版しなければならなかった。もちろんシュライアマハー以外の人がこんな文章を書くとは誰も思っていないでしょうから、バレバレですけれど。

信仰告白

信条などという少しも聖なるものではないものによって結合している教会の社交は、このような結合点がなくなってしまえば、また宗教を求めている人々に、これまでのように宗教の体系を教えるのではなく、そのごく一部分だけを与えるようにすれば、すぐに崩壊し、分解されてしまうでしょう。

（二一八頁）

佐藤――諸信条[14]、特に宗教改革のさまざまな信仰告白に対して、シュライアマハーはどんな姿勢をとっていたのでしょう。

深井――彼の晩年の使命は改革派とルター派の合同です。当時のプロイセン王と王妃は教派が違う。そのふたりが一緒に聖餐式にあずかれるようにするのが、彼の課題のひとつでした。したがって、さまざまな信条を統合する、というか、信条の法的な一致のために努力した。

しかし『宗教について』の時点では、信条は悪しき宗教の象徴になっている。信条は信仰教育のために用意されるものだから、それを覚えたり教えるのは、直観を本質とする宗教とは相入れないという感覚があるのでしょう。

しかし「信条などという少しも聖なるものではないものによって結合している教会の社交は」といっても、それが教会の一般的なかたちです。教会は必ずひとつの信条を持っていて、「信条を信じます」と言って洗礼を受ける。にもかかわらずシュライアマハーは、結構過激な言葉で、同じ信条を信じるという結びつきで教会ができるわけではないという。

【14】**信条**　信仰告白。教会の信仰の根本部分を宣言したもの。もともとは正統信仰を明確化し、異端を排斥するために作成された。ニカイア・コンスタンティノポリス信条やカルケドン信条などが有名。宗教改革以降は、ルター派のアウクスブルク信仰告白を筆頭に、各教派・教会がその信仰を明らかにし教派内の統一を図るためにおびただしく作成された。ルター派の和協信条、改革派のハイデルベルク信仰告白、ウェストミンスター信仰告白などがよく知られている。

佐藤――そんなことを言っていたら、いつのまにか個別教会の信条を忘れた、現代の壊れかけた会衆派教会【15】みたいになってしまいますよ。

深井――そうですね。初期のシュライアマハーは、聖書のなかにある信条といえるものは、ペトロ【16】が「あなたは生ける神の子キリストです」と言った、その言葉しかないだろう、と考えていたと思います。あれ以外のものをつくるのは愚かな行為だ、と。まさに過激な会衆派になってしまう可能性はあります。会衆派はきちんとしたかたちであれば、各教会が信条をつくるわけですね。

佐藤――最近は忘れている人が多いのですが、本来はそうです。同志社系の教会も古いところに行くと、説教壇の下あたりから巻きものか何か出てくるんじゃないですか（笑）。シュライアマハー自身は改革派でしたね。

深井――改革派です。ただし、彼は敬虔主義の影響を強く受けていますから、敬虔主義から来た改革派です。その違いは法的意識の強弱です。日本の改革派や韓国の改革派と似ていると思います。法的意識より感情が強い。

佐藤――こういう改革派は数としては世界のなかで圧倒的少数派ですね。

深井――そのとおりです。ドイツはほとんどがルター派【17】。改革派はむしろフランスやオランダ、スイスにいる。ドイツは領邦教会化しましたし、一五五五年のア

【15】**会衆派**　組合派とも。イギリスにおいて、エリザベス一世（一五三三―一六〇三）によるイングランド国教会改革は不徹底だとして批判した人々（ピューリタン）のなかで、教会の国家からの独立と教会の自治を主張した分離派の後裔。各教会が独立して自治を行い、その教会の教会員一同（会衆）が構成する総会が最終決定権を持つ、直接民主制的な意思決定制度（会衆制・組合制）をとる。一部は一六二〇年にメイフラワー号でアメリカに渡り、イギリスに残留した人々は一六四二年から一六四九年の清教徒革命で活躍した。日本には同志社の創立者・新島襄（一八四三―一八九〇）が伝道し、会衆派教会を設立した。

【16】**ペトロ**　生年不詳―六七頃。本名シモン。もともと漁師であり、ガリラヤ湖で漁をしているときイエスに声をかけられて最初の弟子になった（マタイ4・18―20）。十二使徒筆頭。ペトロとは「岩」の意味で、「あなたこそ、生ける神の子キリストです」（同16・16、口語訳）と告白したとき、イエス

ウクスブルクの宗教平和の決定【18】は、ルター派しか認めていません。改革派は入っていない、ということは、改革派はドイツではしばらく異端だった。これはちょっとおもしろい。ところがシュライアマハーもバルトもドイツでは主流ではない改革派なのですね。

宗教の場はどこか

まさに、私たちが、私たちの技巧的な教育の最終段階において願っていることは、宗教の準備をなす社交としての敬虔な家庭生活の他には何も必要としないような時代の到来なのです。（二二三頁）

佐藤——ここは私にはわかりにくいところです。

深井——シュライアマハーは、宗教の場ないし宗教教育の場はどこかという議論をしていて、ドイツの伝統的な議論からいえば、宗教の場は家庭と教会と学校のいずれかなのですが、シュライアマハーは学校も教会もふさわしくないという。家庭で親が子に信仰を語るのが一番純粋なかたちだと思っている。そのことを言

に「あなたはペトロ。わたしはこの岩の上にわたしの教会を建てる」（同16・18）といわれたので、ペトロと呼ばれることになった。イエスの死後も弟子たちのリーダーとして活動、伝説では、皇帝ネロ治世下のローマに宣教しに赴き、逆さ十字架にかけられて殉教したという。

【17】**領邦教会**　アウクスブルクの宗教平和の結果生まれた、神聖ローマ帝国を構成する地方の独立政権（領邦、ラント）ごとに教派を選び、その領邦の君主や行政機関が教会を管理する体制。

【18】**アウクスブルクの宗教平和の決定**　一五五五年にアウクスブルクの神聖ローマ帝国議会で決定された決議。ルター派を容認したが、カルヴァン派は含まれず、また個々人の信仰の自由も認めず、教派はあくまで領邦や都市ごとに決定するものとした。

ってるのかな、と思います。

シュライアマハーの信仰的な経歴がそう言わせているところもあるでしょう。彼は教会や神学校で神学を習ったわけではない。家庭のなかでの独特な強烈な敬虔主義的な体験、とりわけ父親との関係が彼の信仰をかたちづくっている。そんな自分の体験をモデルにして言っている。

そのあとの文脈では、シュライアマハーが考えているのは青年たちです。現代もそうですが、青年たちが一番宗教から離れている。そんな若者たちにどうやって宗教的なセンスや宗教的な感覚を意味あるものとして回復してもらうかが重要になる。この議論におけるシュライアマハーの作戦は、シュライアマハーも青年の側について、一緒に教会を批判するというスタンスをとることで理解してもらおうということでしょう。

この本の副題は「宗教を侮蔑する教養人のための講話」ですが、実際には、宗教を侮蔑してる人たちの側に立って、既存の教会を批判している。メイン・ターゲットは青年です。ギムナジウム[19]や大学に行っている年齢の人に対して、ただ親の信仰を家の習慣として受けとめた人々ではなく、理性や学問の洗礼を受けた学生に対して、「もう一回、きみたちの感覚を柔軟にしてほしい。自然を、それか

【19】**ギムナジウム**　ドイツの中等教育機関。基礎学校で初等教育を終えた一〇歳の児童で、成績優秀かつ大学進学を目指すものが進学する。現在は八年制（かつては九年制）。

ら宇宙を直観するという感覚は、あなたにもあったでしょう。それがキリスト教の本来のあるべき姿なんですよ」と迫っているのです。

宗教のハーモニー

その意味では、彼らはお互いが友人同士なのであり、ひとつの合唱団なのです。彼らはみな自分は宇宙の一部分であり、宇宙のひとつの作品であるということを知っていますし、また自分の内部にも、神的なものの働きと生命とが啓示されていることを知っていますし、さらに自らを、他の人々にとって価値のある直観の対象として相互に認め合っているのです。誰かが宇宙との関係の中で、自らの内部にあることを知覚したとしましょう。個々の人間の内部ではそれぞれに独自な形態をとるとしても、聖なる畏敬の感情は、誰にでも直観することができるものですし、人間の開かれた感性の中に見出されるものなのです。そうであるなら、この直観をなぜお互いの間で隠さねばならないことがあるでしょうか。その意味ですべて人間的なものは同時に聖なるものであり、神的なものでもあるのです。誰でもお互いに兄弟としての結

びつきのもとにあるのです。（二二六–二二七頁）

深井――シラー【20】のような表現ですが、こういう「普遍的な人類」、「人間性の肯定」といったものがシュライアマハーにもある。これが彼の社交という議論に出てくる。そしてそれは「ドイツ的なもの」のなかにもっともよく表現されていると考えているのです。

佐藤――合唱団という譬喩から考えると、声の高さや声量がみんな違うなかで、個々人がそれぞれの持ち場をきちんと守ることによってハーモニーが生まれるのです。アトム的な人間観ではなくて、差異を前提としたうえでの有機体的な人間観になる。オーケストラの演奏が成功するためには、ひとりひとりの人間は規制されなくてはならない。それによって全体の調和がとれる。個々人の自由というので、素っ頓狂な声を出されたらハーモニーが破壊される。

深井――そうですね。

佐藤――私はビザンチン・ハーモニー【21】を連想しました。この感覚は東方正教会にすごく近い。

深井――それは考えてもみませんでした。

【20】シラー　ヨーハン・クリストフ・フリードリヒ・フォン・シラー。一七五九–一八〇五。ドイツ古典派の詩人・劇作家・歴史学者・思想家。戯曲『群盗』『オルレアンの少女』『ウィリアム・テル』、美学について「人間の美的教育について」、歴史家として『オランダ独立史』『三十年戦争史』がある。またベートーヴェン第九交響曲「合唱付き」の歌詞となった「歓喜に寄す」もある。

【21】ビザンチン・ハーモニー　正教会の国家と教会の関係をあらわす概念。「中世西欧のキリスト教は、国家を俗とし、教会を聖なるものとして、互いに対立する位置に両者を置いている。……ビザンチン・ハーモニーは、原則として国家と教会を対立する力関係や位置に置かない。……皇帝は、その立場をもって政治の面から、この世を来世の写しとし、教会の聖職者は同じことを教会の面から充実させるのである。このように、帝国を代表する皇帝と、教会を代

佐藤——合唱団という譬喩は、東方教会がよく使うのです。教会は合唱団のようでなければいけないし、そこから敷衍して、国家も合唱団のようにならないといけない。

ロシア語には、ソボールノスチという概念があります。日本語に翻訳するのがむずかしいのですが、「ソボール」は「集まる」という意味で、公会議もソボール、教会会議もソボール。だからこの言葉は「集合性」（あるいは「精神的一体性」「全一性」）などと訳される。ひとりひとりの個性が異なっていることを前提に、全体のなかで、人間はみずからの適性に応じて自己規制を行う。それによって、最大の自由が獲得できるのです。

一八四〇年代に、いわゆるスラブ派の代表者で、神学者にして思想家のアレクセイ・ホミャーコフ[22]が『教会論』という本を書いていて、その思想はソ連時代を経て、現代のロシアまで脈々と生きているのですが、彼は合唱団のたとえをたくさん使っています。

深井——天上の音楽[23]といいますが、古代から音楽はひとつの神秘的な秩序でした。それはみんなが平等に直観できるようなものなのでしょうか。

佐藤——みんなが平等に直観できることよりも、絶対に指揮者が必要だという点

表する総主教が互いに立場を理解し、共通のゴールに向かって歩む形をビザンチン・ハーモニーとよぶ」。（引用は高橋保行『ギリシャ正教』講談社学術文庫より）

【22】アレクセイ・ホミャーコフ 一八〇四－一八六〇。ロシア貴族で、宗教思想家・詩人。一九世紀において、ロシアは西欧型の近代化をめざすべしとする西欧派に対し、ロシア本来の精神性を重視すべしとするスラブ派の論客。「カトリックもプロテスタントも西方キリスト教はすべて同じ前提を共有し、しかもキリスト教の基本的な信仰理解を裏切っている。正教会は全く異なる前提で成り立っているので……正教独自の伝統に立って、真の正教の伝統を再発見しなければならない」と主張した。（ティモシー・ウェア『正教会入門』新教出版社などを参照、引用も同書より）

【23】天上の音楽 天球の音楽とも。天体はその規則正しい運行で音を奏で、全体でハーモニーをつくりだしているという古代ギリシアからの考え。ピュタゴラスに由来するという。

が重要です。みんなが直観できても、その直観をほったらかしておくと、てんでばらばらに歌いだしてしまう。だから直観しているものを正しい方向に導く指揮者が要るのです。

深井——個人もそれぞれ自分の直観を整理しなければならないのですね。

佐藤——東方正教会の場合は聖霊の自由な働きがあるので、教会とまったく関係ないところにも聖霊が降りてきますから。

深井——そう考えると、これは意外にドイツの自然主義というか、汎神論的な感覚に近いのかもしれません。みんなが同じ自然を経験し、神を経験する。みんなが正しく直観していれば、声を出したときハーモニーが成立するはずです。そのハーモニーが家族、同胞、ひいては民族や国家につながっていく。

佐藤——人倫《ジットリヒカイト》【24】（Sittlichkeit）という感じですね。

深井——そうですね。それを国家や民族にも当てはめて、「家族性」といった言いかたをしている。

佐藤——ロシアも近いかもしれません、ただロシアはあまり秩序立っていない。ハーモニーを乱す人間が必ず出てくる。その点ドイツは整然としている印象があります。

【24】**人倫**　共同体の秩序や規範。ヘーゲルは、個人的・主観的倫理である道徳と、形式的・他律的な法の原理を統合するものとして、個々人の自覚に支えられた共同体の具体的・実質的倫理としての人倫を提唱した。倫理の最高のありかたとされる。（『ヘーゲル用語辞典』未來社を参照）

深井——いや、どうしようもない聖職者の議論も出てきますよ（笑）。

佐藤——ロシアの場合は、ちょっとはみだしたくらいだったら容認しませんが、極端にはみだすと、聖霊の特別な働きがあるに違いないというので、非常に尊敬されるのです。

深井——それは紙一重ですね。

佐藤——ですから現代に生まれていたら発達障害とか精神障害と診断されたような人が、聖人になる場合も少なくない。教会の悪口を言っていたとか、主教の家に石を投げたとか、そういう人が高く評価され、列聖されたりする。

…………質疑応答…………

予備知識の根源

どのような優れた芸術家であっても、彼の弟子たちの間で、ある程度の予備知識がないならば、個々の流派における自己の芸術の独自性を伝えて行くことに何らかの成功をおさめることはできない、ということは理解していただけるでしょう。宗教は芸術以上にこの予備知識を必要としているのです。（二一三頁）

『宗教について』は宗教の国家からの相対的独立を主張したり教会批判をし、家庭を重視していますが、その場合、この箇所で言われている「予備知識」はどこで得られるのか、また何を念頭に置いて言っているのか疑問を感じます。

佐藤——たぶん哲学のことでしょう。シュライアマハーの『神学通論』を読めばわかりますが、彼の神学の特徴は、そのときどきの哲学の衣を借りて、神学独自の方法論として使うというものです。だから神学をする人間は哲学史に関する知識がないといけない。それがひとつの予備知識になる。

もうひとつは、ひどく伝統的な話だけれど、教会史と教理史。これらをきちんと踏まえてなければならない。

深井——予備知識とか予備理解、つまり前提となる理解があるわけです。もう少し話をひろげれば、（宗教的）ア・プリオリ論もそうですが、前もって人間には、宗教が理解できるための感覚が備わっていて、その度量の大小を言っているのではないかとも思います。芸術的なセンスにも似たものです。

佐藤――ドイツだと、緒論とか総説（Einleitung）にものすごいエネルギーをかけます。日本の本だと、『総説旧約聖書』や『総説新約聖書』『総説実践神学』（いずれも日本基督教団出版局）などは、まさに予備知識をつけるための本です。なぜか『総説組織神学』がない（笑）。

深井――その代わりに『総説現代神学』というのが熊沢義宣先生と野呂芳男先生の編集で出ています（笑）。

佐藤――余談になりますが、（組織神学系の）予備的な知識が得られる本として、一九六〇年代終わりから七〇年代初頭に教団出版局がつくった『教義学講座』という三巻本がありまして、第一巻が教義学要綱で全体の概説なんですが、何とキリスト論がない！

深井――あれも編者や執筆者が喧嘩してできなかったようですね。

佐藤――約束していたにもかかわらず、同志社の飯峯明【25】先生が書かなかったからですよ。

深井――結局、大宮溥【26】先生が書いたんですね。

佐藤――そうです。（神論や救済論は第一巻にあるにもかかわらず、）大宮溥先生

【25】**飯峯明**　一九二四年、京都市生まれ。一九四八年に同志社大学神学部を卒業し、同大学で教鞭を執る。一九五六年から一九五八年までチューリヒ大学に留学。一九六一年より同志社大学教授を務めた。訳書にエーベリンク『キリスト教信仰の本質』（新教出版社）、ブルトマン『史的イエスとキリスト論』（共訳、理想社）など。

【26】**大宮溥**　一九三三―。神学者・牧師。東京神学大学博士課程修了。神学博士。現在、日本基督教団阿佐ヶ谷教会名誉牧師、日本聖書協会理事長。著書に『新生の福音――ローマ書講解説教上』『救いの歴史と信仰の論理――ローマ書講解説教下』（教文館）など（同書の著者紹介などを参照）。

が第二巻にキリスト論を書くという変則的な構成になってしまった。

シュライアマハーはさんざん直観と感情とか、言葉では表現できないなどと言っているので、その予備知識が言葉で表現されるような知識なのかどうかがわかりません。シュライアマハー自身も、

芸術では、弟子たちは練習を繰り返すことで進歩をとげるわけですから、教師は主として弟子たちに批判を与える役割を持っているという点で重要だということになるのですが、宗教では、師がなし得ることは、批判や教育ではなく、ただ事柄を示し、自らも表現することだけだからです。（二一三頁）

と言っていますから、予備知識をかたちづくるものが、敬虔主義的な雰囲気とか体験といったものなのか、ちゃんとした哲学や教義史だったりするのか、そこがピンと来ないのです。

佐藤――そこは別に矛盾していないと思います。基本は「感化」です。「これを認めろ」とか「このマニュアルをつくれ」とか「エチュードでこれを製作しろ」

というのではなく、先生の日常的な教育活動や教会での活動、あるいは教会批判の活動、公民としての活動など、そういう全体を見ていることで感化されていくという見方ではないでしょうか。

深井――芸術の場合、たとえば陶芸では、訓練してその流派のやりかたをおぼえ、上手になっていくという教育もありうると思います。しかし宗教の場合は、訓練して神の認識が深まることはなく、教師はことがらそれ自体を指し示すという面が多い。教師は神ではないのです。したがって、訓練の意味が違ってくる。予備知識も教師と生徒が共有しているものでなければならない。そのあたりの違いを言っていると思います。

佐藤――深井先生の話は非常に重要です。ただし、これには条件がつく。「プロテスタンティズムにおいては」という条件です。カトリシズムは別で、こちらは完全なマニュアルがある。マニュアルにのっとって段階を踏んで勉強し体験していけば、確実に天国の鍵に至り、天国の門がひらくという考えかたですから、救いの確実性がある。

深井――たしかにプロテスタント的なセンスかもしれませんが、宗教においては批判や教育ではなくて、ただ事柄を示し、みずからも表現するという点では、師と弟子の関係が芸術とは違うのです。

佐藤――神学の先生は、信仰においても知識においても生徒と同等です。フラットなのです。大学生ともなれば、知識という点だけなら、いろいろ調べて教師を抜くなんて簡単です。しかし洞察力と判断力については、長く生きているほうに分がある。おかしな考えかたや危険な思想を察知する力や免疫は、まちがいなくわれわれのほうがある。だから、われわれが危ないと言ったら素直に聞くように、ということになります（笑）。

神学におけるアナロギアの意義

さきほど「聖霊」という話がありましたが、本文中に「空気」という言葉が出てくるところがあります。これが聖霊かもしれないと感じたのですが、どうでしょうか。

しかしもし世俗的な関心と聖なる教会との触媒となるようなものがあり、それによって真の教会はこの世界とは本来何の直接な関係もないのだが、両者が何らかの接触を持つことができるようなものがあるとするならば、それはいわば空気〔あるいはそれがかもし出す目に見えないエートス〕のようなものであり、それによって真の教会は自らを純化し、さらには新しいメンバーを加え、それを育てて行くのです。（二一一頁）

深井――ここの「空気」は、広い意味では「聖霊の働き」ともいえるかもしれませんが、訳者注として「あるいは、それが醸し出す目に見えないエートス」と言っているように、正確にいえば、「聖霊の働きによって生みだされた社交的な雰囲気」くらいのことを意味していると思います。

佐藤――神学では非常に多用されるけれども、神学以外の人文・社会科学で使うとまちがいになるのは、類比的《アナロジカル》【27】な思考です。「空気」という言葉をアナロジーとして使う。あるいは隠喩《メタファー》【28】として使う。

たとえば、「例えるなら、動脈や静脈だけではなく、血液循環と一定の体温もなく……」（二六二頁）という記述もありますが、「血液循環」は信仰の問題についての直接的な例示ではありえません。

（哲学者）ウィトゲンシュタイン【29】がこんなことを言っています。「コーヒーの芳香を記述してみよ！――なぜそれがうまくいかないのか。われわれにことばがな

【27】**類比**　アナロジー、アナロギア。一般には、ふたつの事柄の類似性に基づいて、一方から他方について推測すること。カトリック神学においては、類比は、アリストテレスに由来し、トマス・アクィナスらを通じて、神と被造物の存在論的関係に基づいて、被造物から神を類推して語ろうとする「存在の類比」として発展した。一方カール・バルトは「存在の類比」を拒絶し、「信仰の類比」（ないし「関係の類比」）を提唱した。

【28】**隠喩**　メタファー。比喩のひとつだが、比喩と明示する語句を伴わないもの。たとえば「彼の視線が僕を刺した」の「刺した」は隠喩である。

【29】**ウィトゲンシュタイン**　ルートヴィヒ・ウィトゲンシュタイン。一八八九―一九五一。オーストリア出身の哲学者。ハイデガーとともに二〇世紀最大の哲学者といわれることもある。前期の著作『論理哲学論考』（邦訳、岩波文庫他）では言語の写像理論を展開、哲学の命題を無意味な命題・語り得ぬものとすることで、論理実証主義に大きな影響を与え、後期の

いのか【30】」と。コーヒーの香りさえ言語で表現できないならば、どうやって神のような概念を表現すればいいのでしょうか。実際、アナロジーを使わなければコーヒーの香りは表せない。「コーヒーのまろやかで甘い香り」といいますが、香りに甘い味がありますか。

　こういうのはぜんぶアナロジーです。われわれはアナロジーを多用している。だから「空気」といっても文脈によって異なってくる。深井先生のおっしゃるとおり、一番広い意味では「聖霊」だと思います。ただアナロジーによって聖霊は具体的なものに受肉するのです。

シュライアマハーの聖書不信

深井――つけ加えると、この議論の文脈で初期のシュライアマハーは聖書に対して比較的ネガティブなんですね。

佐藤――『神学通論』でははっきりしています。旧約聖書は排除してもいいのだが、教会の平和のために残すなんて言っている。【31】聖典論に関しても、既存のテキストの外側にも聖典的なものはあるという。そういう意味では、伝統的なプロテ

著作『哲学探究』（邦訳、大修館書店他）では言語ゲーム論を展開し、日常言語派に多大な影響を与えたほか、現代でもソール・クリプキがウィトゲンシュタインの記述から「規則のパラドクス」の問題を提起するなど哲学界に刺激を与えつづけている。

【30】コーヒーの芳香を……　コーヒーの芳香を記述してみよ！――なぜそれがうまくいかないのか。われわれにことばがないのか。では何のためにわれわれにことばがないのか。――だが、とにかくそのような記述が可能でなくてはならない、という考えがどこから出てくるのか。あなたにとってそのような記述がかつて欠如していたことがあるのか。あなたはその芳香を記述しようとしていたことがあるのか。あなたはその芳香を記述しようと試みたのか、そしてそれがうまくいかなかったのか。……（『哲学探究』§六一〇、邦訳『ウィトゲンシュタイン全集8』大修館書店より引用）

【31】旧約聖書は排除しても……　『神学通論』新版一一五節。「ユダヤ教の経典が、キリスト教固有の

スタント教会の聖書論ではない。

深井――そうです。聖書原理主義みたいものは彼にはありません。なぜかといえば、彼は文字を介する宗教はありえないと考えているからです。直観は文字を超えていないとだめで、文字化されたらおしまいなのです。

佐藤――密教、あるいは、(禅でいう)不立文字【32】みたいな感じでしょうか。

深井――おかげで伝統的なキリスト教は、この『宗教について』が出版されたとき、ものすごく批判的になったんですね。

佐藤――とはいえ、いまでも読まれています。ドイツではレクラム(文庫)に入っているこことが大きいのでしょうかね。しかもずっと重版されている。日本だと翻訳がすぐ絶版になる。佐野(勝也・石井次郎)訳(岩波文庫)も、高橋(英夫)訳(筑摩書房)も新刊ではもう入手できません。深井先生が訳してくれて本当によかった。

信仰箇条を含んでいないことは、もう間もなく一般的に承認されるようになるであろう。……これを捨てることはいつでも許されるとは思われるが、必ずしもその必要はないのである」(邦訳、教文館、一七七頁)。

【32】**不立文字** 達磨大師(五―六世紀頃)の言葉といわれる禅の四聖句「不立文字、教外別伝、直指人心、見性成仏」の最初の句で、真理は文字や言葉で伝えることはできないことをいう。

第5章

諸宗教について

『宗教について』第五講話

受肉と疎外

深井――『宗教について』の第五講話は、第四講話まで論理的・抽象的なことを述べてきたのに対して、きわめて具体的なその時代の教会の姿や人々の宗教観といったものについての批判、あるいは、誤解をとり除く議論をしています。

とりわけこの『宗教について』を読んで、さらに『神学通論』を考えたとき、とりわけ重要だと思われるのは、この箇所の議論ではないかと思います。

みなさんは、みなさんの目の前に存在するひとつの宗教現象を、実定的宗教と呼んでいますが……（二三六頁）

ここに「実定的」(positiv) という言葉が出てきます。実は『神学通論』でも、シュライアマハーが「実定的」で何を意味しているかを理解することがきわめて重要です。

そこをまず押さえたうえで、第五講話では、本書が「宗教を侮蔑する教養人のための講話」となっているように、人々か宗教を正しく理解できていないために、宗教を批判し軽蔑するといった状況が起きているので、その誤った考えかたをとり除かなければならないという話になっていきます。

佐藤――それではこの記述はどうでしょうか。

私はみなさんを、いわば受肉した神のもとへ連れて行きたいと思います。そしてそのことを通して、私はみなさんに、宗教は自らの持つ無限性を放棄してしまい、あわれな姿で今日では人々の間に現れ出ているということを示したいのです。つまりみなさんは、この世の諸宗教の中に宗教を見出すべきなのです。すなわち、みなさんの前で、あまりにも現世的で、汚れた姿で立っているこれらのさまざまな宗教の中に、私がこれからその形態を描こうとしている宗教の天的な美しい個々の特性を、みなさんは探り当てていただきたいのです。(二三一―二三二頁)

見えるものと見えないものの神といっても、可視的教会と不可視的教会といっても同じですが、鍵として「受肉」を入れてきたのがおもしろい。

シュライアマハーが仕えたプロイセン国王フリードリヒ・ヴィルヘルム三世と王妃ルイーゼ(第2章扉絵もルイーゼ)

深井——制度化し、内実を失って、いきいきとした生命を失ってしまった宗教。それはシュライアマハーの時代の教会のことでしょう。それに対して、受肉した神のもとへ連れ戻したいという。本当の意味での宗教に出会ってもらいたいという。

佐藤——まず「受肉」という言葉についてですが、深井先生が学生のころは、東神大ではこの言葉は問題になりませんでしたか？　同志社には魚木忠一の伝統があるから、一時期「受肉」という言葉を避けて、「託身《たくしん》」を使っていました。正教会では「藉身《せきしん》」です。（ラテン語の「インカルナティオ（incarnatio）」は）「カロー（caro ラテン語で「肉」）に入る」ということですから、まさに「受肉」ですが、明治の人たちは「肉」という言葉を使うのに強い抵抗感があったのかな、と思います。

深井——そうかもしれません。たとえば「受肉」にあたる英語の「インカーネーション（incarnation）」も、宗教の世界では「神がかった人」を指す場合などにも使いますし。

佐藤——「リインカーネーション（reincarnation）」になると、「輪廻転生」のことになる。

深井——そういう意味では曖昧な言葉かもしれませんね。

佐藤——もちろんキリスト教では「受肉」であって、シュライアマハーも受肉は一回きりであるという基本線は外していない。ただ、ここで述べられているのも、一種の疎外論のように見えるんです。受肉した宗教は（あるべき本質から遠ざかってしまった）疎外態である。それが目の前にある実定的な宗教であり現実の教会です。しかし、われわれはその現実の教会を通して、天上の教会を窺わないといけない。そういった弁証法的な構成になっていると思う。

だから天上の理想的な教会に対してお祈りをするとか、敬虔な心情のなかで「目に見えない教会」[1]と直結するのではなくて、目の前にある、「目に見える教会」とまともにとり組むことで、「目に見えない教会」について知ることができる。プラトン的（イデア論的）なところもありますが、裏返していえば、現実を全否定はできないということでもある。

深井——まったくそのとおりです。シュライアマハーは教会を激しく批判しますが、それでも現実にある教会を通さなければ理解できない何かがあると考えています。

佐藤——バルトの宗教批判と似ているかもしれない。宗教は人間がつくったもの

【1】**見えない教会**　この地上にあって見ることのできる信仰者たちの共同体が「見える教会」であるのに対し、神しか知らない、神によって選ばれた者たちによる真の教会を「見えない教会」という。改革派・長老派で強調される。（マッキム『長老教会の信仰』一麦出版社を参照）

だという点ではフォイエルバッハと同じですが、われわれは宗教なくして神に至ることはできないという認識も同時に述べている。その宗教の両義性、教会の両義性。この構成について、バルトとシュライアマハーはすごく似ている。

直観の多様性

深井――シュライアマハーが宗教の多様性について述べているところがあります。

また無限なものの直観というのはまさに無限にあります。……もしみなさんがこのような直観を別の視点から概観し、またひとつの直観を別の直観と関係付けるなら、それはおそらくまったく別のものに見えてくるはずです。このように宗教全体というのは、このような成立過程を経ているさまざまな直観が、すべて現実化するということによって成り立っているのです。しかもこれらの直観は、無数の異なった形式でのみ存在するのです……（二四二頁）

佐藤――この場合の無限は、どう理解すればいいでしょうか。

深井――直観というのは個人的なものですから、その直観の形態は無数にありうる、ということになります。

佐藤――その無限は実無限（actual infinity）なのか、可能無限（potential infinity）なのか。【2】ついいろいろ考えてしまいます。簡単な小咄をさせていただくと、ここに無限の部屋のあるホテルがあるとする。そのホテルに黒猫がやってきて泊まりたいという。しかしホテルは満室だ。そしたらマネージャーが出てきて館内放送する。「一号室の方は二号室へ、二号室の方は三号室へ、……というふうに、みなさん一部屋ずつ隣に移動してください」。すると、一号室が空いたので宿泊できた。もうひとり（一匹）来ても、同じように対応できる。ということは、無限プラス一と無限プラス一〇〇〇では同じ大きさになってしまう。

人間の数は有限だから、直観が無限だとしても、それは実無限で考えるのか、あるいは、直観と直観のあいだの差異は連続したグラデーションのように考えられるのだから、可能無限かもしれない。そんなふうに、数学とのアナロジーでいろいろ考えられるわけです。

深井――宗教の本質はひとつだとしても、認識される仕方は多様です。多様だか

【2】実無限、可能無限　実無限が単なる無際限の過程ではなく一個の存在者と認められる無限であるのに対し、可能無限（仮無限）は、無際限の過程としてのみ認められる無限。たとえば物質・空間・時間などは観念的にはどこまでも分割しつづけることができるという意味で可能無限である。アリストテレスは可能無限のみを認め、実無限は否定した。中世神学は現世については可能無限のみを認めつつ、神のみを実無限とした。（カントル『超限集合論』功力金二郎・村田全訳、共立出版の訳者解説を参照）

らこそ宗教はばらばらになるともいえるが、たんにばらばらになるわけではない。シュライアマハーの議論はそういうことだと思います。ともあれ、直観の類型によってそれぞれの宗教がつくられるというのは押さえておきたい。

佐藤――（宗教が）無限にあるというのは、バルトの「制約のなかの自由」[3]といった感受性と似ていますね。

深井――そうなんです。バルトの考えかたにきわめて似ている。バルトは啓示の主体性を強く主張し、「神の自己啓示だけが啓示だ」と言うのですから、神の側からすれば「ひとつ」です。しかし人間が受けとる形態としては、真の宗教になったり、バルトが「宗教は罪の形態」というようなものになったり、いろいろです。受けとる側の直観の方法によっては誤解も生じる。バルトはもちろん直観とは言いませんし、受けとる側に、受けとるための何らかの能力を神の側が与えると考えています。

佐藤――滝沢克己[4]とバルトの往復書簡[5]の比較的終わりのほうに、イエス・キリストの名を経ぬかたちでの救済の可能性があるかどうかについての応答がある。バルトは、理論的にはあるけれども現実的にはない、という言いかたをしています。直観の多様性からすれば、たとえば仏教というかたちの直観の宗教もある。しか

【3】**制約のなかの自由**　『教会教義学』第三巻「創造論」四、§五六・制約における自由、またバルト『キリスト教倫理Ⅳ』新教新書を参照のこと。

【4】**滝沢克己**　一九〇九―一九八四。哲学者・神学者。九州大学教授を長く務める。ボン大学留学時にカール・バルトに師事。バルトと西田幾多郎に大きな影響を受ける。「神われとともにいます」というインマヌエルの哲学を展開。『滝沢克己著作集』（全一〇巻、法藏館）がある。

【5】**往復書簡**　S・ヘネッケ＋A・フェーネマンス編『カール・バルト＝滝沢克己往復書簡1934-1968』（寺岡喜基訳、新教出版社）。

し仏教のようなイエス・キリストを経ないかたちの宗教が救済を担保できるかといえば、理論的にはありうると言いながら、現実的にはないと言う。多元性は認めるが、完全に同等のものとは認めない。

深井――同じではない。

佐藤――もっとも、これは宗教ではあたりまえかもしれません。自分の宗教が他者の宗教よりも説得力が落ちるとか死生観が劣ると思うなら、なぜその宗教を信じるのかという話になる。

深井――たしかにそうです。

佐藤――一方、自分の言っていることは絶対に正しいと思っていると非常に危うい。シュライアマハーの議論は、絶対に正しいものが複数あるという、複数性の議論になっている。

私はこの箇所を読んで、構成としてはモナドロジーに近いと感じました。ただ、モナドロジーの根っこに直観という紐がついていて、それが切磋琢磨しているというモデルなのかなと思います。

深井――シュライアマハーもバルトも「啓示する神の真実」を述べようとしているのだと思います。それがなければはじまらない。それをどう受けとるかという点で、シュライアマハーは直観と言っているわけです。

はじめに結論ありき？

みなさんは、みなさんの目の前に存在するひとつの宗教現象を、実定的宗教と呼んでいますが……　（二三六頁）

深井――少し遡及しますが、佐藤先生が言及されたこの「実定的宗教」という箇所はたいへん重要ですね。

佐藤――私が神学部の学生たちに「神学とはひとつの御用学なんだ」という話をすると、みんな「え〜っ！」と驚くので、それをきっかけに議論しながら説明するのですが、英語で「ポジティブ」、ドイツ語で「ポジティーフ」――つまり「実定的」「実証的」――というのは、要するに、目の前に具体的にあるものです。シュライアマハーにとって目の前に実際にある教会は、国教会。神学はその国教会が運営する学ですから、まさに御用学なのです。

深井――まったくそのとおり。神学は国家公務員がやる学なのです。先生がどこかでおっしゃっていたように、神学をやると……。

佐藤――神学は役人になったら非常に役に立つ（笑）。

深井――それはそうだと思います。

佐藤――同志社の組織神学の緒方先生の講義のとき、私ははじめてディベートというものを知りました。テーマは聖餐論でした。先生は「××君はカトリックの実体変化説（化体説）[6]の立場をとりなさい、××さんは（ルターの）共在説[7]をとりなさい。佐藤君はツヴィングリの立場（象徴説[8]）をとりなさい、それが一番簡単だから」と、みんなにそれぞれの立場をふりわけて、先生自身は「私はカルヴァンの立場[9]で説明します」と言って、聖餐におけるパンと葡萄酒についての議論をさせたのですね。

そのとき先生に言われたのは、結論の選択の余地があるのは同志社が会衆派だからで、他の教派では結論は動かせない。だから聖餐論は、神学論争を筋道を追って組み立てるのに非常によい例になるわけです。

深井――シュライアマハーが言うには、たしかに聖職者になる人は、佐藤先生がおっしゃるような論理的な研鑽を積まなくてはならない。しかしそれと同時に、さまざまな人が生きている現実に接し、個別的な問題に対応しなければならない。

【6】**実体変化説（化体説）**　聖餐において聖別されたパンと葡萄酒が、性質・属性はそのままで、実体においてキリストの肉と血に変化するとするカトリックの教説。

【7】**共在説**　聖餐においてパンと葡萄酒がキリストの肉と血に変化するわけではないが、キリストの肉と血はパンと葡萄酒に浸透し、「中に、その下に、それと共に」実在する、とするルターの説。

【8】**象徴説**　聖餐は最後の晩餐や十字架の記念であり、パンと葡萄酒はキリストの肉や血そのものではなく象徴であるとする説。

【9】**カルヴァンの立場**　霊的臨在説。聖餐のパンと葡萄酒は変化しないが、キリストはその場に秘儀的な仕方で臨在するとする説。

その両方をシュライアマハーは言っている。そこに神学のバリエーションや実力が出てくる。

佐藤――それが社交ということなのでしょうね。だから社交的でなくては神学ではない。

深井――神学という学でやるべきことは決まっている。たとえば、『神学通論』のような教科書にすべて入っている。しかしこの本をぜんぶ読めば聖職者になれるかというと、そうではない。それをどう使うか、どんな現実に向きあい、どういう共同体における聖職者になるのか。それは個々人の実力にかかってくる。

佐藤――少しエリート主義の匂いがしますね。

深井――あります。あるいはプロテスタント的な召命感といってもよいかもしれません。彼は自分の職務にプライドを持っている。それに加えて、「こんなことができるのは、おれだけだ」という思いがずっとあると思います。大学で教え、アカデミーで研究し、牧師として教会の現実を受けとめ、サロンの花形でもある。それでいて行政の仕事もする。彼は現実にそれらをすべてこなしていた。どうしてこんなことができるのだろうと思う。彼は学者には学者として対応し、サロンではサロンの流儀を知りつくしている。そして教会では人々の魂に語りかける言葉をもっている。そこがたいへんな魅力です。しかし同時にそんなことができることで、彼自身はあらゆる方面からの批判にさらされていたわけです。

ひとつつけ加えると、シュライアマハーが「実定的」と言うとき、念頭にあったのはたぶんヘーゲルだと思います。ヘーゲルの自然宗教と実定宗教の区別を彼なりに否定したかったのではないでしょうか。

ヘーゲルの『精神現象学』に出てくる宗教の区別は、自然宗教、芸術宗教、啓示宗教です。ヘーゲルのいう自然宗教は、シュライアマハーと違って、動物が神々になっているような宗教で、アニミズムが近いかもしれません。物が神になるような段階。芸術宗教は、たとえばエジプトのスフィンクスのように、像が人身（人獣）みたいなかたちで具象化されるもの。そのあとに啓示宗教があって、三位一体論のように、理念や概念によって神を把握しようとする宗教の段階です。

シュライアマハーはヘーゲルと全然違うかたちで自然宗教と実定宗教をわけようとしています。シュライアマハーの自然宗教のほうが、現在、宗教学などで一般的に使われている自然宗教の定義の源泉でしょう。自然法則のように普遍性を持っている宗教の観念、人間であれば誰でも持っている神や超越へのあこがれ、神的なものの予感——そういうものを自然宗教だと考えている。

実定宗教は、いま佐藤先生が言われたとおり現物です。たとえば目の前にある国教会。しかしこの時代の人たちは現物の国教会に対して否定的です。プラトニズムを考えてもいいのですが、ここにはないが人間すべてが共有しているはずの宗教の理念（宗教のイデア）こそが理想の宗教であり高貴なものであるという考えです。しかしそのあるべき本質が現実化している目の前の宗教は手垢にまみれた劣ったものにすぎない。

だから一般の知識人は、実定宗教としてのキリスト教会に否定的になる。しかも、自分たち知識人より教養で劣った牧師たちのせいで、よけい混乱しているように見える。

佐藤――よくわかります。しかしそれでも、（イデアとしての）自然宗教は実定宗教に分有されて、ある、ヘーゲル哲学の用語でいうと、自然宗教はエレメント（境位、場）だと思うのです。実定宗教はそのなかにある。自然宗教がないところに実定宗教はない。

とはいえ、シュライアマハーの整理は見事だと思います。『精神現象学』ではまだその傾向は強くないけれど、ヘーゲルの場合、トリアーデ（正・反・合の三つ組図式）が出てくるので、自然宗教が極度に軽視される。芸術宗教も同じです。

私はイスラームに似ていると思います。東大名誉教授の山内昌之【10】先生とお話させていただいたとき、イスラームとの対話は可能かと訊いたら、「それは佐藤くん、不可能だ」とおっしゃった。なぜならばイスラム神学は、論理構成がヘーゲルのトリアーデになっているからです。ユダヤ教がテーゼ（正）で、キリスト教がアンチテーゼ（反）、イスラームがジンテーゼ（合）。ジンテーゼのイスラームさえ知っていれば、他のふたつはイスラームまで昇ってきた梯子の話にすぎないから必要ない。梯子なんか蹴倒してしまえばいい。

ヘーゲルも自然宗教と芸術宗教の内実にあまり関心がない。啓示宗教が大事。でもそれはヘーゲルがきらっている独断論ではないかとも感じてしまう。

ちなみに、ヘーゲルの『精神現象学』がおもしろいのは、トリアーデが成立しているようで成立していないところです。当時者から（für es 意識に対して）見るとこう見えるが、われわれに対して（für uns）――これは読者も含めて学理的な反省をした人間ですが――見るとこう見える、というふうに、行き来して終わらない。後期の『エンチクロペディ』だと終わってしまう。

『精神現象学』でとりわけおもしろい議論は、樫山欽四郎【11】さんの訳（平凡社ライブラリー）だと一〇〇頁以上も割いて、頭蓋骨のつくりと人間の思考にどうい

【10】**山内昌之**　一九四七-。中東・イスラーム研究を専門とする歴史学者。東京大学教授を長く務め、現在は名誉教授。著書に『文明論としてのイスラーム』（角川書店）など多数。

【11】**樫山欽四郎**　一九〇七-一九七七。近世・近代ドイツ哲学研究者。文学博士。早稲田大学教授を長く務める。著書に『ヘーゲル精神現象学の研究』（創文社）など。

う関係があるか、類型を述べてえんえんと論じているところです。ところが最後には、いま論じたことはすべて意味がないと言う。これは優生学とも関係していると思いますが、当時、頭のかたちを見て犯罪性向がわかるといった似非科学が流行しはじめていて、ヘーゲルはそんなものには意味がないと証明するために、相当エネルギーをかけて丹念につぶしているのです。しかもつぶして意味がないとわかったことには立ち返らない。これはいかにもヘーゲル的だと思う。

シュライアマハーの場合、啓示宗教があっても自然宗教は否定できない。ここはとても重要ですね。

深井――ヘーゲルだと宗教の段階的発展論みたいになってしまうので、たしかに過去のものはもう克服されたものになってしまう。彼にとってはプロテスタンティズム、とりわけドイツ・ルター派が最高の宗教。そういう宗教の段階的発展論をシュライアマハーは否定したいのだと思います。

シュライアマハーの思想の背後にあるもの

深井――しかし、とにかく当時の知識人は自然宗教のほうがいいと思っていた。

【12】**スピノザ主義**　バールーフ・デ・スピノザ（一六三二―一六七七）の哲学やそれを継承した思想。とりわけ世界の外部にいます超越的な人格神を否定し、「神、即、自然」で知られる、あらゆるものはひとつの永遠の実体（＝神）の現れとする汎神論。スピノザの思想は、現代哲学のドゥルーズ、アルチュセール、ネグリらにも影響を与えたといわれる。（ティリッヒ『近代プロテスタント思想史』新教出版社、上野修『スピノザ『神学・政治学論』を読む』ちくま学芸文庫などを参照）

いや、そのほうがしっくりくるし、理性と調和できると考えていた。教義や制度がないのでぶつからないのです。

佐藤――これはとても現代的な問題でもあって、現代の日本も基調としてはそうではないですか。宗教学者もそうですし、神学からもその方向におもねっている研究者はたくさんいる。同志社大学神学部でキリスト教を専門とする教員でも、最近は神学者ではなく、宗教学者を自称している例もあります。

深井――なるほど。スピリチュアリティというやつですね。

佐藤――もうひとつは、ポストモダニズムの流行以降、スピノザ主義【12】が入ってきたこととも関係がありそうです。自然というものの価値がまた急にあがった。さらにいえば、バルトに対する反発があったかもしれない。

深井――そうですね。

佐藤――ただしバルトの自然理解は、反歴史的なところも自然主義の拒否もドイツの文脈で考えなくてはならなくて、そこを抜きにして教条化されると、まったく見当外れになる。

深井――そのとおりです。自然神学【13】の否定などはあまりにラディカルすぎる。というか、論理的には可能かもしれないが、現実的には無理。人間の本性から考え

【13】**自然神学**　神の被造物たる自然を人間理性によって探究することで、神の認識に至ろうとする学問。

【14】**存在の類比**　神は超越的存在であって被造物についての言葉を同名同義的に使うことはできないが、それでも神と被造物のあいだの存在論的な関係（たとえば、神は「存在そのもの」であり、被造物は神の「存在」を分有しているなど）に基づいて、神について類推し、アナロジカルに語ることはできるとする考えかた。その存在論的な関係をどうとらえるかで、比例性の類比や帰属の類比に考えがわかれる。（『ケンブリッジ・コンパニオン中世哲学』京都大学学術出版会などを参照）

【15】**信仰の類比、関係の類比**　神と人間は完全に断絶していて存在論的関係などは存在せず、存在の類比は成立しないが、神から人間への働きかけである啓示・恩寵がもたらす神と人間の関係、ないし、信仰における神と人間との対応によって、神についての認識の可能性がひらかれ、人間の直観や概念は神を十分に把握することが

ても無理だと思う。
佐藤――だからそこは、（カトリックが主張するような）アナロギア・エンティス（存在の類比）[14]的理解における自然神学は否定するが、信仰の類比なり関係の類比[15]なりによって自然を受けとめることは当然可能というべきです。
深井――そうですよね。とにかく実定宗教と比べれば、自然宗教のほうがエリート主義です。理神論なども自然宗教的なものであって、要するに知識人は、実定宗教がいや、教会制度がいやなんです。
この『宗教について』では述べられていませんが、最近いろいろ調べてわかったことがあります。一七一七年に宗教改革二〇〇年が祝われました。本当に大々的なお祝いだったのですが、そのときプロイセン国王だったフリードリヒ・ヴィルヘルム一世[16]が修学勅令というものを出します。はじめてドイツで学校が義務教育化されたのです。では、なぜそういう勅令を出したかといえば、「教養宗教としてのプロテスタンティズム」を打ちだすというイメージ戦略なのです。
佐藤――クルトゥアプロテスタンティスムス（Kulturprotestantismus）、文化プロテスタンティズムですね。
深井――そういう路線につながっていく最初の一歩です。

できないとはいえ、アナロジカルに語ることは可能になるというカール・バルトの考えかた。（量義治『緊張』理想社、喜田川信『現代ヨーロッパ神学の根本問題』教文館などを参照）

【16】フリードリヒ・ヴィルヘルム一世　一六八八－一七四〇（在位一七一三－一七四〇）。第二代プロイセン王。財政破綻寸前の王国を引き継ぎ、フランスのユグノーをはじめ、各地で迫害されていたプロテスタント難民を人口過疎地に受け入れ、産業振興や施療院の設立、軍制改革などさまざまな手を打った。たいへん支配的かつ細かい性格で、しかも短気で粗暴であり、息子のフリードリヒ二世が逃亡未遂事件を起こすほどであった（晩年に和解）。

修学勅令はその後ふたつの要素がセットになります。まず第一に、親は子どもを学校に行かせなければいけない。もうひとつは、ひとつの地区・教区・ゲマインデごとに、視学官という役職を置いた。いまでいえば教育委員（会）みたいなものです。

視学官になったのは、実は、ほとんどが牧師でした。学校を出ていて、ある程度の教養があって、それぞれの町や村にいる人間となると、牧師しかいなかった。だから牧師と視学官は大体兼務です。そうなると、牧師館（牧師が居住する家屋）の子どもは、ものすごく教育熱心な親に育てられることになった。

他の子どもたち、たとえば農家の子だと、学校へ行くのは義務だと言われても行けません。家にお金の余裕がなく、子どもは貴重な労働力ですから。

佐藤――農作業を手伝うのですね。

深井――そうです。だから農家の子どもは学校に行かない。貴族の子どもも行きません。貴族の子どもは家で家庭教師に勉強を習う。ということは、熱心に学校に行くのは、商人のようにある程度裕福な家の子どもと、牧師館の子ども。だから実際にはほんの一部の人しか学校に行けなかった。

牧師館の子どもが学校に行って熱心に勉強すると、必ず伝統的な教理に対する

【17】**ニーチェ**　フリードリヒ・ヴィルヘルム・ニーチェ。一八四四–一九〇〇。ドイツの哲学者。プロイセンの牧師の息子として誕生。ボン大学神学部・哲学部、ライプツィヒ大学で学ぶ。バーゼル大学古典文献学教授となるも病気のため退職。以降は在野の哲学者として執筆活動を行う。西洋のキリスト教的道徳や形而上学を批判、力への意志に基づく生の哲学を探究。実存主義の先駆であるとともに、フーコー、デリダをはじめとするポストモダンの哲学者たちにも多大な影響を与えた。著作は『悲劇の誕生』『ツァラトゥストラ』『善悪の彼岸』『道徳の系譜』など多数。

疑問が湧いてくる。教養を身につければつけるほど「いままで言われてきたことと違うじゃん」と思う。そして教理を批判しはじめる。これがネオロギーといわれる人たちで、一番ラディカルな形態はニーチェ[17]です。このあたりの様子を知るには、ミヒァエル・ハネケ監督の作品で『白いリボン』（二〇〇九年）を見るのが一番よいと思います。

佐藤――よくわかります。

深井――まったく皮肉な状況ですが、教育を受ければ受けるほど、伝統的な教理や教会の礼拝のときの素朴な説教に疑問を持つし、反発する。しかし彼らは、自分の家の宗教としてのキリスト教は捨てない。誰よりも好きなんです。一方、父親の厳しい教育とか、不合理な教えとか、そういうものには失望している。だから、自分のなかに植えつけられていて捨てられない敬虔な信仰心やキリスト教に対する愛を、どこまで一般の学問や啓蒙主義にひらけるかという議論をはじめる。それを私は「牧師館の学問としてのネオロギー」と呼ぶことにした。

シュライアマハーは、まさにそれなのです。彼は父親が敬虔主義に走っているところに生まれ、バルビー[18]の神学校のような、敬虔派のヘルンフート派の学校や神学校に入れられ、寄宿舎に入れられて、カントさえ読むなと言われて、反発する。

【18】**バルビー**　ドイツ中央よりやや東北寄り、現在ではザクセン＝アンハルト州に位置する、マクデブルクの近くの街。

でも彼はキリスト教を捨てたくない。宗教は大好きなんです。かつて子どものときに、父親や他の家族と愉快に聖書を読んだり、宗教の話をしていた時代にあこがれている。でも、いまはもう理性を持ってしまった。といっても、それは親の教育の結果です。親が高等教育を授けてくれたから疑問を持つようになった。

佐藤——「知恵の悲しみ」みたいなものですね。

深井——そうなんです。

佐藤——牧師館といえば、チェコの田舎町の牧師館に行ったときにわかったのですが、牧師館は図書館でもある。天井が高くて、二メートル以上、三メートル近くある。壁面はぜんぶ本棚で、いろんな本が並んでいて、それを信者が借りに来る。かなり高級な書籍も集まっていて、やっぱり知の集積所だと感じました。

深井——おもしろいですね。

佐藤——チェコの場合、ナショナル・アイデンティティをつくりあげるために、駅に図書館をつくって、チェコ語の書籍だけを置く。汽車の待ち時間に本を読めるようにして読書を奨励した。そのほかにも国策で読書会をつくれと指示するとか、いろんなことをやりました。そのベースになったのは、プロテスタント教会の牧師館で読書をする伝統です。

ただハプスブルク帝国時代、チェコにはプロテスタントの神学校はないので、勉強しようと思えば、ウィーンに行かなくてはならない。ウィーンでは、カトリックのハプスブルク帝国のなかで反抗的なことをするな、と徹底的に叩きこまれるので、知的に反発するというよりも、こういう制約のもとで何ができるのかと鬱屈して、ドイツ人のように疑問がストレートには出てこない。

深井――なるほど。むしろ政治的なんですね。

佐藤――政治的です。フロマートカの場合、こういうかたちで政治を教えられ、そのあとドイツの神学校に行って、それからスコットランドに行く。といっても首都エディンバラではなくて、アバディーン[19]といった北のほうの都市の、自由長老教会[20]に行ったりする。ヘルンフート兄弟団のクリスティアン・ダーフィトがモラヴィア出身だから、何となく敬虔主義的な流れに行きたがるのかなと思います。

神の痛みの神学は「つつむ」

佐藤――深井先生と話していて勉強になることがたくさんあります。特に深井先生がルター派をよくご存じで、それだからドイツ・プロテスタンティズムの神髄

アバディーン大学マリシャル・カレッジ

【19】**アバディーン**　スコットランド北東部の港湾都市。スコットランド第三の都市であり、一四九五年に創立されたアバディーン大学がある。

【20】**自由長老教会**　スコットランド国教会から一八四三年に分裂したスコットランド自由教会からさらに一八九三年にわかれて成立。

がわかる。

深井——そんなに詳しくはないですよ。

佐藤——でも実際にドイツに行っておられて、その目でご覧になっている。私なんかはルター派についての知識は座学だし、縁がある国もスイス、チェコ、あとイギリスくらい。私が学んだ（同志社の）神学部は会衆派で、バックグラウンドが改革派ですから、ルター派が皮膚感覚でわからない。東ドイツのこと少し調べるようになって、ようやく「ああ、こんな感じなのか」と思うようになった程度です。

深井——日本ではドイツのルター派は本当に理解されていないと思います。何よりも日本のルター派はアメリカ経由で来たものがほとんどです。そして日本でも世界的にも少数派です。改革派はアメリカがありますから、むしろ世界中にひろがっている。

佐藤——そういえば、深井先生は、日本の教会制度はアメリカ式だけれど頭脳はドイツだ、とおっしゃっている。それにヒントを得て、同志社の神学部で使っているワークブックに、ちょっと意地悪な問題を入れてみたのです。

日本基督教団信仰告白が絡む問題について

問、日本基督教団信仰告白を読むと、使徒信条の引用以外の部分に復活の記述がないことに気づく。このことに関連して、以下の設問に答えなさい。

1　このような事態が生じた理由について推定せよ。

ヒント

ルターの十字架の神学とカルヴァンの栄光の神学の差について考えてみる。

2　復活の記述が使徒信条以外には書かないという状態を適切と考えるか。

深井――すごくいい設問だと思います。

佐藤――この問いの答えは、東京神学大学の北森嘉蔵[21]先生が信仰告白の起草者として大きな役割を果たしたからですよ。だから十字架の神学[22]に引っ張られて、復活がなくなってしまった。日本基督教団の信仰告白は、長老派系の信仰告白のはずですが、新日キ（日本キリスト教会）や改革派（日本キリスト改革派教会）から見たら、考えられないほどルター派寄りの信仰告白になっている。世界中にある改革派の流れを継いでいる信仰告白で、地の文に復活がないのは、私の知るかぎり教団信仰告白ぐらいだと思います。

【21】**北森嘉蔵**　一九一六―一九九八。神学者・牧師。日本ルーテル神学専門学校、京都帝国大学で学び、日本ルーテル神学専門学校、日本基督教団東部神学校、東京神学大学の教授を務めた。著書に『神の痛みの神学』（講談社学術文庫）、『宗教改革の神学』（新教出版社）、『今日の神学』（日本之薔薇出版社）など多数。

【22】**十字架の神学**　とくにルターにおいて、神のみわざと栄光よりも受難と十字架のなかに、隠された神の自己開示と真の神学を見るという逆説的な主張。一五一八年のハイデルベルク討論の提題で明確に示された。栄光の神学の対語。（マクグラス『ルターの十字架の神学』教文館などを参照）

深井――いまそのことに気づいている人は、ほとんどいないと思います。おそらく東京神学大学の牧師たちも気づいていないでしょう。

　私は北森先生に直接聞いたことがありますが、はじめは北森先生の出番はあまりなかったそうです。ところが、旧教派同士で信仰告白の文章をめぐって喧嘩になったらしい。そこで北森先生が、揉めている箇所も含めて、つつみこむかたちで文章をまとめた。だから佐藤先生のおっしゃるとおりだと思うのです。でも、それを読み解ける人はいまいない。

佐藤――私は底意地が悪いですからね。こうやって神学生を鍛えているわけですよ。「おまえら、この教団の信仰告白、おかしいと思わんかい。前文に復活が書いてないだろ。大丈夫か？」という感じですね、同志社出身の牧師はよく、オープン聖餐《コミュニオン》とか自由聖餐《フリー・コミュニオン》【23】をめぐって議論して、自由聖餐をやっている教会に対して教団の執行部が厳しいなんてこぼしていますが、本当の問題はそこではないのではないか。復活がないこの神学構成でいいのか。

深井――佐藤先生がおっしゃったように、いまの教団の信仰告白には北森神学の強い影響力を見ることができる。北森先生の考えは、「分裂して喧嘩してたから、私は、つつむ」。北森先生の神の痛みの神学は、受け入れられないもの、あるい

【23】オープン聖餐、自由聖餐
オープン聖餐とは、その教会の教派に属さない人でも参加できる聖餐の形態であり、条件として、教派にかかわらず受洗していればよいとするものから、聖餐についての見解の一致、あるいは教派相互の承認を要求するものまでさまざまであるが、何の条件もなく、未受洗者の陪餐をも認めるものを特にフルオープン聖餐、ないし自由聖餐（フリー・コミュニオン）という。

は分裂をつつむ神なのです。

佐藤——彼はもともと九州のルター派ですからね。

深井——ごちごちというよりは、根っからのルター派です。神学校が合同して東京神学大学が成立したあと、ルター派の人は出ていったのに、彼だけは残った。だから東神大では異色の先生でした。

佐藤——しかし国際的にはたいへん有名になりました。

深井——それも歴史の皮肉というものかもしれません。

プロテスタンティズムのエートスの誕生

深井——シュライアマハー以来、のちにはニーチェを典型に、牧師館での矛盾した信仰と理性の関係が噴出します。それが学問的な方向に働くと教会批判的になりますが、興味深いことに、政治的な方向に働く場合もあるのです。現在の（ドイツ首相の）メルケル[24]さんも牧師館の娘です。イギリスの（首相）メイ[25]さんだって牧師の娘。

佐藤——メイもそうなんですか。

【24】**メルケル**　アンゲラ・ドロテア・メルケル・一九五四－。ハンブルク生まれだが、牧師の父の東ドイツ赴任とともに東ドイツへ移住。カールマルクス・ライプツィヒ大学で物理学を専攻。科学アカデミーに就職し博士号を取得。ベルリンの壁崩壊後政界に進出し、東西統一後の一九九〇年の選挙で連邦議会議員。のちキリスト教民主同盟の党首となり、二〇〇五年の選挙で勝利して首相に就任、現在、四期目。

【25】**メイ**　テリーザ・メアリ・メイ。一九五六－。国教会司祭の父の影響で少女時代から政治家を志し、オックスフォード大学を卒業。イングランド銀行などを経て、一九九七年に下院議員に初当選。二〇一〇年に保守党の政権復帰で内務大臣に就任。二〇一六年、イギリスのEU離脱を問う国民投票で離脱派が勝利し、当時のキャメロン首相が辞任すると、首相に就任し現職。

深井——そうですよ。英国国教会のアングリカンのローチャーチ【26】の牧師の娘です。

佐藤——ローチャーチ。じゃあ、本当に改革派っぽい感じですね。

深井——だから、一七一七年の教育令はいろんな歴史的パースペクティヴを持っていて、ここからさまざまなものが生まれてきたのです。

これも歴史のアイロニーですが、みんながあまり知識を持たず、信仰について疑問なんか持たないで、従順でいてくれたほうが、教会はやりやすかったはずです。しかし「教養宗教としてのプロテスタンティズム」というイメージをつくりたかったので、宗教改革二〇〇年を機に国王が修学令を出した。その意図せざる帰結として、プロテスタントは内部に火種を持つようになってしまった。

シュライアマハーも初期はこれで爆発したわけです。父親の伝統に対して「ノー」を突きつけた。それがこの実定宗教批判です。ただし彼は、実定宗教が批判されている理由を、いまの牧師たちが愚かだからだと見ている。この問題が解決すれば、実定宗教のほうが自然宗教よりも現実的であり、実定宗教を通してしか神はわからないと言っている。

ところが、シュライアマハーも大学教授になるとそうは言えなくなる。まさに御用学者になったわけですからね。実定宗教批判をやめてしまう。それが彼の

【26】**ローチャーチ** 英国国教会はその歴史的経緯から幅広い立場の人々を抱合しているが、大きくは、カトリック的伝統を保持し、主教制や典礼を重視するハイチャーチ派と、長老派などの影響も受け、福音主義的で儀式を簡略化し説教を重視するローチャーチ派にわかれる。

『信仰論《グラウベンスレーレ》』の時代です。

佐藤――うんと平たい言葉で言えば、シュライアマハーの時代は、知的な世界でプロテスタントのほうが（カトリックよりも）頭がいいと思われるようになった、その分岐点なのでしょうね。本来プロテスタンティズムは復古維新運動ですから、うしろむきで、知的には洗練されていなかった。シュライアマハーが出てくることによって、プロテスタントの知的な地位が変わった。

深井――そうです。一七一七年の勅令の大成功例がシュライアマハーだった。それ以前のプロテスタントのイメージは、野蛮で非学問的な文化の破壊者でした。ロッテルダムのエラスムス【27】が言うように、プロテスタントがひろまったところは、聖像も洗礼盤も、これまで築きあげてきたスコラ学も、何でもかんでも破壊されてしまった。（ルターの盟友）メランヒトンなどはがんばって、「プロテスタントは学問的な宗教です」と主張し、そうしようと努力したけれど、理解されなかった。

佐藤――学問的な宗教といっても、「プロテスタントの頂点って何なの？」と訊かれたとき、体系的なものといったら、（ヨハン・）ゲルハルトを持ってくるくらいしかない。しかしゲルハルトとトマス（・アクィナス）を比べたら、蓄積が

【27】ロッテルダムのエラスムス
デジデリウス・エラスムス。一四六六頃－一五三六。ロッテルダム出身の人文主義者・カトリック司祭。一五一六年に新約聖書のギリシア語テキストを印刷出版。この第二版をルターがドイツ語訳の底本として使用した。当初はルターに好意的であり擁護もしたが、教会の分裂は耐えがたく、過激化するルターの主張に疑問も感じ、論争のすえ決裂した。著書に『痴愚神礼賛』『自由意志論』など多数。

天と地ほども違うから議論にもならない。

深井――プロテスタント・スコラは、やたら厳密な議論を展開してスコラに対抗しようとしました。だから最初の改革運動とはまったく違うものができあがってきた。その結果、大学のなかではプロテスタント・スコラはさかんになりますが、一般民衆は教化されないのです。

佐藤――プロテスタント・スコラをひっくりかえすという意味では、シュライアマハーは決定的に重要だったのですね。

深井――決定的です。プロテスタント・スコラを超えるには、教養と感情がひとつになっていなければいけない。シュライアマハーのなかでは合理性と宗教性がひとつになっている。だから彼は神学者になれた。親に対する反発を克服したのです。

親は敬虔主義者で、毎日お祈りしなさいとか、これを覚えろとか、哲学の本を読んではいけないとか言っている。そういう親に反発している。だけど信仰熱心。信仰熱心と合理的な学問を結びつけることに成功したことによって、シュライアマハーが誕生した。これがプロテスタント的エートスであり、それを完成したのはやはりシュライアマハーです。

ヨハン・ゲルハルト

佐藤――大学だと、ゲルハルトみたいなプロテスタント・スコラの体系が一回できてしまえば、あとはその訓詁学でいい。教会は学問とはあまり関係なく存在し、マンネリズムに陥っている。それらに満たされない人々が敬虔主義の流れを生みだすが、こちらはエネルギーはあっても、啓蒙主義や教養に惹かれる人たちは知的に満足できない。こういう三つ巴を、シュライアマハーは持ち前の洞察力と行動力と表現力によって超克していく。天才ですね（笑）。

深井――私はとりわけ表現力に着目します。彼には訴えかけるだけの言葉とスピーチの能力があった。

佐藤――シュライアマハーの声に関するデータは何か残っていますか？

深井――ありません。しかし……。

佐藤――でも、声が通らないと、これだけの人気はなかったと思うんですね。

深井――彼が講演したり説教したりするときは、「elegante」というドイツ語が出てきます。「エレガントな女性たちが、うっとりした目でシュライアマハーを見つめていた」とかいう文章がたくさんある。

佐藤――演歌歌手の氷川きよしみたいな感じなんでしょうか（笑）。

深井――そうかもしれません。お金持ちの女性が客席の前のほうにずらりと陣どって、熱心に説教を聞いたのです。

佐藤――聴衆ひとりひとりに呼びかけるような説教のテクニックもあったのでしょうね。(仏教の)坊主でも説法がうまい人はそういう技法を身につけています。

深井――シュライアマハーの説教もそうだったと思います。彼自身そういう能力があるという自覚があったでしょう。

さらにつけ加えれば、シュライアマハーはむずかしいことを詩的で優美な表現によって説明する能力を持っている。おそらくヘーゲルだって、別の言いかたでなら同じことを説明できたと思います。しかしシュライアマハーは、ぐっと来る文章というか、心に沁み入る言いまわしを使ってくる。すごく実存的な言葉を使える人だと思います。

宗教と市民社会

佐藤――この箇所のシュライアマハーの表現はすごいですね。

これまで述べてきたような堕落は、宗教を心の領域から市民社会へと引き出した人々の思惑通りに起こっているということです。無限なものが、不完全で有限なものという衣服を着て、時間的で、有限な活動の領域の中に入ってくることになり、その支配を受けることになるなら、あらゆるところで、このような堕落が起こることは避けられないのだということを理解していただきたいのです。(二三九–二四〇頁)

こう述べたあと、その先で、

鏡にうつして朧げに見るようなものを崇拝する……(二四〇頁)

深井――ここは重要なところですね。「宗教を心の領域から市民社会へ引き出した人々の思惑通りに起こっている」という。パウロ【28】から外れないものをきちっと持っている。見事だなと思います。

佐藤――彼は宗教を心の領域に置くことで、神が天上にいるといった一種の形而上学をうまくかわすことに成功した。心はどこにあるか図示したりはできないが、確実に存在するので、コペルニクス革命以降の宇宙像との矛盾を克服することが

【28】**パウロ** 生年不詳–六五年頃。当初はパリサイ派のユダヤ教徒としてイエスの信者を迫害していたが、ダマスカスへの途上でイエスの声を聞いて回心、以降は熱心な信徒としてアンティオキアを中心にパレスチナ外の異邦人に宣教した。エルサレムで逮捕されてローマに送られ、斬首に処されたという。新約聖書にパウロによる書簡が七通、パウロの名による書簡が四通、収録されている(本書まえがきも参照のこと)。

できた。しかし心の領域は、具体的な現実の生活に入ると、必ず市民社会にひっぱりだされてしまう。そうすると、堕落が起きる。

これはやはり一種の疎外論だと思うのですが、われわれが原罪を持っている以上、あたりまえのことでもある。だからといって、教会を全否定したり、ましてや宗教を否定するのはいけない。この論理展開は見事です。

深井――彼の実定宗教への批判は、実定宗教が本当の意味で実定宗教になっていない、という論理構造ですから。

佐藤――本来のものが本来のものになっていない。だから疎外論的構成です。

深井――宗教が道徳とか形而上学といったものになってしまっている。これがまちがいだと言う。そういうまちがいがあるから、実定宗教に対する誤解も生まれる。

もうひとついうと、宗教もこの市民社会、あるいは現世と関わらざるをえない。しかし、現世と関われば必ず堕落が起こる。啓示する神の自由はあっても、それを直観して受けとめるわれわれは有限であり多様性があるので、利益と結びついたり政治と結びついたり、さまざまな形態が出てくるのは避けられない。そこに歪んだかたちがでてくる。

佐藤――ヘーゲルは、市民社会を基本的に欲望の王国と見てるわけですが、シュライアマハーは市民社会をどう見ているんでしょうか。

深井――シュライアマハーのいわば「市民社会論」、あるいは「国家論」については最近いくつも研究書が出ていまして、私はまだそんなに読みこんでいませんが、彼はルター派ではないので、市民社会を神がつくったもうひとつの聖なるものとは見ません。彼の市民社会論で注目すべき点はイギリス思想の系譜なのです。ドイツ・ルター派的なものよりも、そこに新しさがある。

おかげでシュライアマハーは、これだけ人気があって、国王のために神学をやっているのに、警察からは何度もとり調べを受けている。彼の「国家論」や教会と国家の関係についての主張が過激だからです。

佐藤――ヘーゲルの市民社会論もあまりルター派的ではないですよね。

深井――彼の論理の構成はギリシア的ですね

佐藤――市民社会を欲望の王国として見て――もっとも、これはむしろマルクス【29】ですが――さらに代議制の選挙制度を採用することは、政治と市民社会を分離することになる。なぜなら代議制だと、結局プロが政治をすることになるからです。しかし市民たちが政治をやらないことには意味がある。市民たちは欲望を追求す

【29】**マルクス**　カール・ハインリヒ・マルクス。一八一八―一八八三。ドイツ出身のユダヤ系の思想家・経済学者・革命家。ボン大学、ベルリン大学に学び、ヘーゲル左派の影響を受け、イエーナ大学では古代ギリシアの唯物論の研究で博士号。外国を転々としつつ思想を温め、一九四五年にはベルギーで、エンゲルスとともに『ドイツ・イデオロギー』を発表、一八四七年らは共産主義同盟を設立し、翌年『共産主義宣言』を発表、一八四八年にはドイツに戻るが革命運動に挫折し翌年イギリスに亡命した。唯物弁証法や史的唯物論を確立。また『資本論』でマルクス経済学を樹立。資本主義の矛盾と共産主義社会の到来の必然を説いて、その後の世界に多大な影響を与えつづけている。

る。経済活動なり文化活動なりで欲望を追求し、税金を払ってくれれば国家が成り立つのです。

だから代議制の市民社会は、市民を政治的に無関心にするシステムなのです。欲望の王国だから、経済がうまく行きさえすれば、政治に対する文句は出てこない。反対に経済がうまく行かないと、政治が悪いということになる。その危機によってデモが起きたりすると、経済がさらに停滞するから、ますます悪くなる。ヘーゲルの市民社会論から出てくる像ってそういうものだと思う。

私はシュライアマハーの「市民社会論」を読んでいないから何とも言えないのですけれど、市民社会に対するリアルな見方は、意外にヘーゲルと近いのではないでしょうか。

深井――ヘーゲルとシュライアマハーの決定的な違いは、シュライアマハーはベルリン時代になるとものすごく体制に近かったことだと思います。教会改革をはじめとして、現実の政策に関して王さまから直接いろいろ命じられている。そのためもあって、シュライアマハーのほうがやや保守的ではないかと思います。

佐藤――ヘーゲルは何かいじけたところがありますよね（笑）。大学では人気もあるし影響力もあるけれど、政治エリートから自分が重用されていないと思っている。廣松渉が言ったことでしたが、マルクスも、プラトンも、アリストテレスも、もちろんヘーゲルもそうですが、哲学者は失敗した政治家だという。政治的な野心は持っていたけれど、それを実現できなかった人たちです。ヘーゲルにもその要素は多分にある。

深井――その点シュライアマハーは、いわば御用学者で政治に近いですから、そこでいじけることはなかった。

佐藤――深井先生が訳されたシュライアマハーの『ドイツ的大学論』(未來社)ですが、たとえば国王が教育を考えると、国家を強化するための学問という実学的な発想になるので、フランスのポリテクニーク[30]のような(高度な職業)教育機関に変えてしまいたくなる。ところがシュライアマハーは、そんなことをしたらかつての中世の職人学校に戻ってしまうという。

彼によると、哲学部を中心として専門学部の研究者もみんな哲学をやらなければならないし、それぞれの専門分野のことを哲学的に説明して共有しなければいけない。その議論からすれば、神学教授が哲学の講座をするのはあたりまえということになる。

深井――そうですね。

【30】**ポリテクニーク** エコール・ポリテクニーク。フランスの高等教育機関は大学と、高度な専門職業人の養成をめざすグランゼコールにわかれ、そのひとつが現大統領マクロンを含む歴代の大統領や首相、事務系の高級官僚を輩出しつづける国立行政学院(ENA)であるように、むしろ後者のほうがエリート養成校である。ポリテクニークは理工系のグランゼコールであり、ノーベル賞受賞者三名、フランス大統領三名をはじめ、無数の科学者や技術系の高級官僚を輩出しつづけている。

佐藤——そして、彼は実際に王さまの考えを変えてしまった。もしドイツがフランス型の大学改革をやっていたら、おそらく一九世紀ドイツの帝国主義な発展はできなかったと思います。その意味でも現実に力を持った人で、この点を日本の従来のシュライアマハー研究は見落としている。

深井——シュライアマハーは日本では結局、直観と絶対依存の感情の人なのです。しかし現実の政治や政策との関係を理解しなければ、シュライアマハーの大きな仕事の流れはわからないのです。

質疑応答

受肉と救済

受肉の重要性について質問させていただきたいと思います。

私はみなさんを、いわば受肉した神のもとへと連れて行きたいと思います。

（二三二頁）

とあります。日本の神学だと、受肉や復活についてあまり述べられていないとお聞きしたのですが、この『宗教について』の文章に出てくる受肉、キリスト教における受肉、ないし当時のドイツにおける受肉の重要性について説明していただければと思います。

佐藤——受肉というのは、もともとはたぶんマレビト思想なんですね。遠くから異質の誰かがやってくるという思想。イエスが誕生したとき三人の博士がやってくるのもマレビトです。外部から何かが来る。あるいは、異界から来る。こういう思想はどんな宗教的メンタリティにもありますが、キリスト教のものは徹底的なのです。受肉がキリスト教の特徴なのではなく、受肉が一回しかないことが特徴なのです。キリスト教の特徴はその一回性にある。神がたった一度だけ受肉して、真の人であり真の神であるイエス・キリストという男が何年間か生きた。そのすべてが一回きり。その一回性ですね。

受肉を別の言いかたで説明すると、たとえば「マルクス主義の理論は、理論だけではなくて実践になってはじめて意味がある」といった発想も、一種の受肉論です。だから受肉論とは、頭のなかで考えているだけではだめで、現実のかたちにならなくてはいけないという思考の形態ともいえる。これが非常にキリスト教と似ている。

なぜ受肉は一回きりということが重要なんでしょうか。

佐藤——よいとか悪いではないのです。キリスト教という宗教には一回しかない、ということです。また私の考えでいえば、時間のありかたに対する認識と関係している部分があると思っています。

アリストテレス論理学に三つの根本原理がある。同一律、矛盾律、排中律【31】です。ちなみに、排中律が成立すると、論理としては何が使えるようになりますか?

背理法【32】です。

佐藤——そのとおり。この三つがあると一応ものごとをぜんぶ説明できますが、

【31】**同一律、矛盾律、排中律**　同一律は「AならばAである」、矛盾律は「Aであると同時にAでないことはない」、排中律は「Aであるか、Aでないか、どちらかである」という論理の基本法則。

【32】**背理法**　ある命題を証明するために、その命題の否定を仮定し、矛盾を導出することで証明する方法。帰謬論証。

このなかで問題なのは何でしょうか？　矛盾律ですね。「Aであると同時にAでないことはありえない」というのですが、われわれが「同時に」という場合、実は、微小ではあるけれど、時間が動いている。思考するときも必ず時間がすぎている。したがって厳密な同時性は担保できない。担保できないとすれば、そんな同時性（および同時性を前提とした矛盾律）は形而上の世界にしかないのではないか。

つまり現実に起きることは、時間制約のなかでは一回しかないのです。その点で、キリスト教は時間に対するリアルな認識が強いので、イエスの生きかたの一回性にも結びついたように思います。

深井――アウグスティヌス[33]が復活は、一回しかまだ起こっていないから、歴史的出来事だという言いかたをしていて、私は妙に納得した記憶があります。

佐藤――復活が一回しか起きないというのは、アウグスティヌスの時代の世界像からすると、ものすごく異質な発想だと思います。なぜなら素朴実在論を前提にした発想だからです。

『源氏物語』に六条御息所の怨霊が出てきます。光源氏の正妻・葵上を苦しめる。あれは現代的にいったら六条御息所の夢を見たということなのです。夢のな

【33】**アウグスティヌス**　三五四―四三〇。北アフリカのヒッポの司教。古代最大のラテン教父といわれ、若い頃にはマニ教の信徒だったが回心。新プラトン主義の影響も強く受けながら、原罪論、自由意志論、三位一体論、恩寵による救い、善の欠如としての悪、正戦論など、西方教会の教理の発展に多大な貢献をした。著書は『告白』（邦訳、上下、岩波文庫）、『神の国』（邦訳、全五巻、岩波文庫）など多数。『アウグスティヌス著作集』（全三〇巻、教文館）がある。

かで起きることと目の前で現実に起こることは権利的に同格なのです。だから夢に出てくると昔の人は「悪魔が出てきた」「お祓いをしなくては」といって、あんなに騒ぐことになる。

でも夢はしょっちゅう見る。何回となく出てくる。しかし復活は夢ではない。リアルなかたちで一回だけ復活したのです。それをアウグスティヌスが認識したのは、当時としては相当に異質な考えかただと思うのです。

深井——それから受肉論というとき、それはものすごく広い意味で、キリスト教の解釈原理になっている。永遠的なもの、すなわち神が、われわれに語ったり自身を啓示する場合、受肉して人間のかたちをとらないと、われわれには理解できない。イエス・キリストという歴史的な存在が、この世で人間として語る。その人となったイエス・キリストを通さなければ神はわからない。受肉がなければ、神と人、永遠と有限のあいだに接点がない。だから「永遠が有限のなかに突入してくる」わけです。永遠が有限のかたちをとる。それがキリスト教の特徴です。

もちろん似たような発想は他の宗教にもあるかもしれませんから、佐藤先生がおっしゃるように「一回性」のほうに着目すべきかもしれませんが、無限なものを有限な人間が理解するには、神のほうで有限になってくれないといけないというのが、キリスト教の考えだった。
　考えてみれば、人間が超越するということもありうる。イタコはそうかもしれない。仏教の悟りもそうかもしれない。人間の側が超越して神の側を切りひらく。でもキリスト教はそうではない。神が人間や世界に向かって超越するのです。

佐藤――だから、「神が人になったのは、人が神になるためだ」（アタナシオス）といわれることがあります。神秘主義者はそうだし、ロシア正教においては一般的な考えかたですが、このベクトルだと、どうしても受肉が弱くなる。

深井――そうですね。

佐藤――だから、正教神学は受肉論が弱い。ただ受肉が強くなると、聖霊の働きが限定的になるかもしれない。逆に受肉論が弱いと、聖霊の働きかけが自由になるのかもしれない。

　さらにいえば、ポイントは救済です。キリスト教は救済宗教であると言ったのは、同志社の歴史神学者・魚木忠一ですが、仏教とも似ているけれど、キリスト教の特徴は、人間の救済にあり、救済という観点から考えると、一回性が救済の担保になるという論理構成です。洗礼も一回でしょ。

なぜ一回しかないことが救済の担保になるのですか。

佐藤——神の徹底的・集中的な介入だからです。それによって救済は担保される。元本は保証されている。

ただし救済は担保されていても、完成は終わりの日（終末）だから、われわれはいま時の間（Zwischen den Zeiten）[34]にいる。だから希望という概念が成り立つ。ユダヤ教の場合は待望といってもいい。

（イエスが登場した）一世紀のパレスチナは、最も深い深淵（tiefste Tiefe）に下りていた。そのときのユダヤの人々がすばらしかったのではなく、反対に、人類史上最も悲惨で、これより下はないという底打ちの状態だった。そこにイエスが下りてきたということが、すべての人間が救われるという根拠になるのです。ルター派的ではありますが。

しかしそうであれば、人類史においては終わりの日まで、イエスが登場してきたときよりも悲惨なことは起きないはずではないか。であれば「アウシュビッツのホロコーストはどうなんだ」とユダヤ人は問題提起をするかもしれない。「広島・長崎はどうなんだ」と言う人もいるかもしれない。こうした苦難は一世紀の

【34】**時の間**（Zwischen den Zeiten）キリストの復活と再臨のあいだの時間ということ。一九二二年から一九三三年まで、バルト、ゴーガルテン、トゥルナイゼンなどが編集して刊行し、いわゆる弁証法神学の拠点となった雑誌の題名としても有名。

パレスチナと比較にならないといえるほど軽いものなのなのか。そんなはずはない。アウシュビッツの衝撃。核兵器の脅威。ポスト広島・長崎の神学というものもありますが、こういう現実はキリスト教を過小に見せるのではないか、そういう問題提起です。一世紀にイエスが来たときよりも、もっとひどいことがあるではないか。

それでもわれわれは、いつかメシアが現れて、救われることを待望する。キリスト教の一回性には、救いの先どりの要素があって、元本の保証があるから安心なわけで、安心のためにはそういう装置が必要なんでしょう。

深井――受肉というのは上から下への線。復活はまた上に戻る。さらにもう一回、上から下へ、再臨という考えかたがある。これが佐藤先生がおっしゃった最後の保証です。復活と再臨のあいだにキリスト教がある。

佐藤――その図式は、大貫（隆）【35】さんが書いた『聖書の読み方』（岩波新書）という本の比較的最初のほうに、「キリスト教の基本文法」という項目があって、わかりやすく図解しています。

深井――（エーバーハルト・）ユンゲル【36】がよく使う図式ですね。

佐藤――同志社の神学部の場合、まじめにキリスト教を勉強しようと思って入っ

【35】**大貫隆**　一九四五―。新約聖書学者・宗教学者。グノーシス主義の研究でも知られる。一橋大学社会学部卒業。東京大学大学院博士課程人文科学研究科西洋古典学専門課程単位取得退学。ミュンヘン大学神学部より神学博士。東京大学大学院総合文化研究科教授を長く務め、現在、名誉教授。著書に『グノーシスの神話』（講談社学術文庫）、『イエスの時』（岩波書店）など多数。訳書に『ナグ・ハマディ文書』（共編訳、全四巻、岩波書店）など多数。

【36】**エーバーハルト・ユンゲル**　一九三四―。ドイツのルター派神学者。テュービンゲン大学福音主義神学部の宗教哲学・組織神学の教授を務め、現在は名誉教授。スイスに留学し、チューリッヒ大学でゲアハルト・エーベリンク、バーゼル大学でカール・バルトの教えを受けた。言語哲学を採り入れながら、自然神学やキリスト教の真理の普遍妥当性の問題について独自の思索を展開。著書に『神の存在』（邦訳、ヨルダン社）、『死』（邦訳、新教出版社）など多数。

てきた学生は一割くらいしかいません。それだと神学書をまとめて読ませることはできませんから、一回生の前期は、日本キリスト教団教団出版局の『信仰の手引き』を除いて、ぜんぶ新書か文庫を読ませているのです。八木谷（涼子）さんの『なんでもわかるキリスト教大事典』（朝日新聞出版）などからはじめるのですが、半年でそれなりに神学書を読める段階に持っていくのはたいへんですね。

深井――わかります。

佐藤――だから、毎日学生とメールで文通という感じになっています。課題を出しては処理させ、出しては処理させて。

深井――佐藤先生とお話しさせていただきながら、先生は優れた教師、教育者だと感じます。

宗教をバカにする教養人

自然的宗教は、よく洗練されており、宗教的であるよりは、哲学的・道徳的な様相をもっている……　（二三七頁）

自然的宗教が精錬されていることと、哲学的・道徳的な様相を持っていることがどう関係しているかわかりません。なぜ哲学的・道徳的な様相を持っていたら、よく洗練されていることになるのでしょうか。

佐藤――どうしてだと思いますか？

宗教よりも哲学や道徳的のほうが、論理に立脚しているように感じられるからではないかとは思うのですが、よくわかりません。

佐藤――当時の哲学は何を基本としてるか。それは啓蒙、理性をベースとしている。つまり頭がいい。また道徳とは何か。当時の時代的な文脈からいえばカントでしょう。これも利口そうです。だから哲学や道徳は利口そうに、洗練されているように見えたのではないでしょうか。

深井――実定宗教は、それを批判するこの時代の人たちのイメージからすれば反理性的なんです。「覚えこめ」とか、「教理を暗記しろ」とか、「こういう教会のプログラムに従って堅信礼【37】を受けろ」とか、そういう感じなのです。

【37】**堅信礼**　すでに洗礼を受けた人が、あらためて信仰を誓う儀式。信仰告白式。カトリックでは秘跡。堅信を受ける年齢は、ルター派などのプロテスタントでは通常一四歳前後、カトリックでは「物事をわきまえられる年齢」で、日本では一〇歳から一五歳が原則。(『カトリック教会の教え』カトリック中央協議会などを参照)

佐藤――つべこべ言わずに覚えろ。どちらかいうと、カトリシズムのイメージですよね。道徳的にはどんな意味があるかなんて説明しない。理性的じゃないでしょ。それと、ルター派の教会へ行けばわかりますが、半分カトリック教会みたいなんですよ。

深井――そうですね。

佐藤――だから教会は一種の巨大な権威ですよね。哲学は権威がきらい。知を愛するのであって権威を愛するのではない。道徳についてはどうしてもカントの文脈が出てきます。「しなくてはならないことはしなくてはならない」。しかし、それは人間共同体のなかで普遍的に妥当する原理なので、古くさい権威が「言うことをきけ」というのとは違う。

そうすると、教育とか教養を持った人ほど（教会に）批判的になるという話と通じているのですか。

佐藤――必然的にそうなります。教育とか教養を持っている人は、基本的に宗教をばかにする。これは現代でもそうで、宗教をばかにする人間を凝縮したようなのが宗教学です。宗教学の専門家は腹の底では宗教をばかにしているから、宗教を人間の営みの現象として見るのです。
東大の宗教学科では、特定宗教にコミットしない姿勢で臨むことが必要ですなんて教科のオリエンテーションで教えている。自分たちは当事者ではなく、違う位相にいるという発想です。とはいえ、それはキリスト教学や聖書学の考えかたと似ているかもしれない。
私は保守的だから、神学は信仰的なコミットメント抜きにはありえないと思っています。聖書神学者と聖書学者は違うし、キリスト教学者とキリスト教神学者は違う。

ということは、キリスト教学は無宗教の人、あるいは違う宗教を持つ人でもなりたつかもしれないけれど、神学はキリスト教徒でなければなりたたないということでしょうか。

佐藤――キリスト教徒でないとなりたたないとは思いません。ただキリスト教に主体的なコミットメントをすることは必要だと思う。肯定でも否定でもいい。コミットメントを抜きにして、対象として観察する余地はないのです。ただし、コミットメント抜きでもなりたつと思っている人もいます。これは神学部にふたつの系統がある以上仕方がないし、神学者によって違いますから。

主体的なコミットメントとはどういうものなのでしょうか。

佐藤——信者になるか否定するか、どちらかということです。徹底的にキリスト教を叩きつぶすというかたちのコミットメントもある。徹底的に自分の信仰の問題として受け入れるというコミットメントもある。

キリスト教は基本的に、激しさが好きなのです。黙示録【38】を見てもわかるように、冷たくもなく熱くもない、生ぬるいものは、ぺっと吐きだされるわけ。だから制度化された学知にはなじまないところがある。ＩＣＵが神学部とか神学科をつくらなかったのは、この激しさをＩＣＵをつくった人たちがきらいだったからだろうと思いますね。

深井——なるほど。ＩＣＵには、伝統的な意味での神学の学科や専攻はありません。大ジャンルは哲学・宗教学になる。

【38】**黙示録**　……わたしはあなたの行いを知っている。あなたは、冷たくもなく熱くもない。むしろ、冷たいか熱いか、どちらかであってほしい。熱くも冷たくもなく、なまぬるいので、わたしはあなたを口から吐き出そうとしている。（黙示録３・15–16）

佐藤先生の話を聞いて「なるほど」と思ったのは、佐藤先生は改革派的な伝統をご自身のバックグラウンドに持っておられて、それを自覚していらっしゃる。しかし、たとえばドイツのルター派を考えると、はじめから社会がキリスト教的で、子どもというより赤ん坊のときに洗礼を受け、キリスト教徒だという自覚もほとんど持っていないのに、神学部に来る知的エリートが結構います。牧師にはならないけれど、神学の研究をしたいという人。神学者のなかにさえ、神学部を出てから一回も教会に行ったことがないという人がいるのです。

佐藤――うち（同志社大学神学部）なんか、そういう学生が増えているのが問題なんです。だから私のような外部の人間の刺激が必要だと思っています。

現状では、私のセンスだと、実践神学の専門家と波長が合う。ただし神学部の宗教学部化を志向している人もいます。教える側としてはそのほうが楽なのかもしれません。

深井――そうですね。

佐藤――でも、同志社が日本基督教団の認可神学校[39]を返上しちゃったら、同志社の存在意義がなくなってしまう。

深井――いまの佐藤先生のお話を聞いていると、佐藤先生がシュライアマハーを

【39】**日本基督教団の認可神学校**
日本基督教団の教規で教師の養成を行うと定められている神学校は、教団立神学校が東京神学大学、教団認可神学校が関西学院大学神学部、東京聖書学校、同志社大学神学部、日本聖書神学校、農村伝道神学校となっている。（日本基督教団公式サイトを参照）

読まれる理由がおぼろげに感じられる気がします。シュライアマハーは対象とのコミットメントと、神学がめざす合理性・学問性を、決してふたつに分裂させなかった。

佐藤――日本の神学は東西で大きくふたつにわかれていて、圧倒的なシェアは東の東神大系です。関西には細々と同志社と関西学院（関学）がありますが、関学はどちらかというと社会活動のほうに重点を置いている。そうなると、教会形成の神学という観点からは、同志社と東神大が重要になります。

ところが、同志社と東神大はたがいに口も利かない仲（笑）。五〇年くらい全然接触がない。だから勉強していると、全然別の生態系で発達しているからおもしろい。

私が東神大出身の人と仕事をしているというと、みんなびっくりするんですよ。交流があったのって、一九六八年ぐらいが最後じゃないかと思います。

深井――たぶん私は東京神学大学の人たちからえらくきらわれていると思うので、東京神学大学を代表しているとは、とうてい言えません（笑）。

佐藤――私も同志社を代表しているわけじゃない（笑）。ただ、深井先生と話していても思うことですが、東神大の基礎教育は、とりわけ組織神学についてはすごくよい。ディシプリンががちがちと感じるところもありますが、同志社は野放しで、無免許運転の人が出てくる可能性があるから怖い。グノーシス教団とかマルキオン[40]派の話を聞いているのではないかというような説教をする牧師もいる。東神大出身者にはそれがない。

深井――そうですね。もっとも最近の様子はまったくわかりませんが。

……質疑応答終……

何が宗教の多様性を生むのか

深井――ところで、第五講話の中盤に「三つの分類」と「二つの分類」というのが出てきます。少し長くなりますが引用します。

同じように、これまで述べてきた宗教一般における相異も、ひとつの個としての形態を生み出すための要因と考えることはできないと思います。また

【40】**マルキオン**　二世紀の小アジア出身のキリスト教徒。一四四年にローマ教会から分離。旧約の神は劣った正義と復讐の神であり、イエスは真の愛の神から派遣された救いの霊であるとし、その人性を否定、十字架上の苦しみもなかったという仮現論をとった。その結果、聖書から旧約を排除し、さらにルカ福音書とパウロ書簡にみずから手を加えたもののみを正典とした。（ベルコフ『キリスト教教理史』日本キリスト教団出版局などを参照）

これまでに宇宙を直観するための三つの方法、すなわち宇宙を混沌として見るのか、体系としてみるのか、あるいは要素の多様性として見るのかということについて、説明してきましたが、この三つの方法を適応することによって、それぞれが個別的な宗教になるというわけではありません。また誰かが、ひとつの概念を可能な限り細分化することで無限に至ったとしても、それによって個を得るということはできません。それはただその概念の中に含まれている、より普遍性の少ない概念である、種や、さらに下級の概念のようなもの（もちろんそれであってもかなりの数の個を包含できるものなのですが）を得ているに過ぎないのです。ですから、私は思うのですが、私たちが個の本性それ自体を見出すためには、普遍的な概念やその概念が生み出すさまざまな象徴を捨て去る必要があるでしょう。先ほどの宗教における宇宙の直観の三つの違いというのも、実際には、他の領域でもなされている直観の概念の区分と同じものなのです。ですからそれは宗教の種類を生み出すのですが、宗教の特定の形式というものではないのです。私たちが望んでいることは、宗教の特定の形式を求めるということですが、宗教がこのような三つの種類の形式で存在しているということを理解するだけではほとんど意味をもっていません。確かに宗教における個々の直観は、一方でこの三つの種類の形態のどれかひとつをとりつつ、他方で個々の独自の性格を持っているので、宗教の形式というのはこれら三つの種類の中のどれかひとつの形態をとらざるを得ないのです。しかし直観相互の独特な関係や状況が複雑にからみあっているので、ただその形態によって規定されるわけではないのです。ですからこのような三区分に従っても、結局はすべては無限であり、多義的だということでは何も変わっていないということになるのです。

宗教における人格主義に基づく神概念と、それとは正反対の汎神論的な考え方が、宗教の二つの形式を私たちに提示しているかのように見えても、それはただそのように見えるということに過ぎないのです。このような考え方は、実は宗教の三種類のすべてに共通しているのです。ですからひとつのものが三つの異なった特殊な性格をひとつに総合することは不可能であるという理由から、既にそれは個であり得ないのです。さらに詳細に述べるならば、このようなやり方では、宗教的直観相互の関係を特定することはできないのです。もし人格主義的神概念というものが、ひとつの宗教的直観であれば、これこそが三種類の宗教の形態のどれにも適応可能な宗教の特定の形態ということになるはずです。なぜなら、そこでは宗教的なものが、理念と結び付いていると考えられているからです。(二四七―二四九頁)

一体ここは何を言っているのでしょうか。おそらくは、

人格主義に基づく神概念と、それとは正反対の汎神論的な考え方が、宗教の二つの形式を私たちに提示しているかのように見えても……

という箇所と関係があると思うのですが、こちらはわりあい一般的な議論で、ヘーゲルなんかもおそらくこういうかたちで宗教を説明していると思います。人格主義的な神概念はユダヤ・キリスト教的な伝統、汎神論的というのはそのほかのインド的宗教といった分類の仕方です。シュライアマハーはこういう区別はあまり意味がないという。

それから、われわれは神の自己啓示、神の啓示する真実をいろんなかたちで直観する。その直観にも三つの形態があって、それが宗教の三つの区分をつくりだすといった話をしているのですが、実はそれも宗教の多様性というか、宗教がな

ぜこういうかたちになるかという説明にはなっていないという。非常に複雑な二重の議論になっていて、たいへんわかりにくい。

佐藤——だから、人格主義的な神概念は「宇宙にある固有の意識」（二五〇頁）を認めるのであり、汎神論はそれを認めない……。

とにかく、まずその前に、宇宙を直観する三つの方法がある。宇宙を混沌として見るか、体系として見るか、要素の多様性として見るか。それがそれぞれの宗教の形式を生みだすという。

混沌として見るという方法は、具体的には誰の思想を指しているのでしょうか。前反省的な認識とか不可知論みたいな言いかたになっています。

深井——わからないのです。わからないものの啓示なんですよね。

佐藤——二番目の「体系として見る」というのは、ヘーゲルですね。

深井——そうですね。それから理神論もこれだと思います。

佐藤——理神論もそうでしょうね。神は最初の一撃だけで、あとはぜんぶ合理的なシステムになってしまうのですから。

深井——要素の多様性というのは、多神論でしょうか。

佐藤——多神論、あるいは、モナドロジー、つまりライプニッツ主義でしょうか。

ライプニッツ

モナドがたくさんあって、それらが予定調和して宇宙が成り立っている。だから要素の多様性になる。考えようによっては、ライプニッツは多神論者でもよかったはずです。ひとつひとつのモナドが神さまであってもいいのですから。

でも、こういう立論の仕方って、法相宗[41]の三性説に似ていませんか。現象(依他起)を一方から見ると迷いの世界(遍計所執)、他方から見ると悟りの世界(円成実)であって、同じ現象の見えかたの違いだという。こういう議論は興味深いです。

深井――シュライアマハーが戦っている相手の二面性もあると思います。彼はかたちとしては、教会の外にいる知識人たちも批判している。しかし教会のなかにいる人たちに対する強烈な批判でもある。実定宗教を担っている人たちに、「あんたらがここにいるからダメなんだ」と言いたいわけですよ。

佐藤――「喧嘩を売ってるのか」って話ですからね。

深井――そうなんです。ただシュライアマハーは「あんたらはダメだ」と自分の口で直接的に言うのではなくて、「教会外部の教養人たちがあなたがたを相手にしてないんですよ」「あなたがたのおかしさをこんなに批判していますよ」と、遠まわりな批判の仕方をしている。

【41】**法相宗**　四世紀のインドの学僧アサンガとヴァスバンドゥによって確立した唯識学派(瑜伽行派)の思想が、真諦(六世紀)や玄奘(七世紀)によって中国に持ちこまれ、玄奘の弟子・窺基(慈恩大師)によって宗派として成立。眼・耳・鼻・舌・身の五感の心と意識のほかに、無意識にあたる末那識・阿頼耶識を想定し、精緻な唯心論的な理論を構築した。悟りをひらけば迷いの心である識は、そのまま智慧に変ずる(転識得智)。

では、シュライアマハーがそういう教養人たちをいいと思っているかといえば、そんなことはない。ヘーゲルなんか全然いいとは思っていない。その両面があるので、議論がさらに複雑化している。

たとえば、彼は次のように言っています。

みなさんはおそらく、実定的宗教の中で、もはや自らの宗教を真の意味で発展させることはできないと非難していますが、それは根拠のないことです。なぜなら、みなさんがこれまで見てきたとおり、実定的宗教は、誰にでも十分な活動の余地を与えており、また誰かが、この実定的宗教に加わりさえすれば、彼の宗教は、別の意味での特殊なひとつの個となり得るだけではなく、自ずとそのように個体へと変化して行くのです。みなさんはぜひ、人間が宗教の領域にはじめて足を踏み入れたあの高貴な瞬間をもう一度思い起こしてください。最初に生じたある特定の宗教的視点、すなわち彼が宇宙を受け入れたあの刺激的な瞬間を思い起こしていただきたいのです。そしてそれ以後も常に働き続けている強い力で、彼の感情の中に入り込んだこの最初の宗教的視点が、彼の宗教を規定していることを思い起こしていただきたいのです。

（二五五頁）

この箇所では、純粋な宗教体験ないし宗教性が実定宗教から失われているので、実定宗教はいきいきとしていないし、宗教として成り立っていないから批判されるという論理になっています。そういう議論をえんえんやってきて、今度はこう言うのです。

これで私の実定宗教についての弁明は終わりましたので、次は、みなさんが誇る自然的宗教においては、人格の完成や個別化ということについてどのように考えているかを示していただきたいのです。自然的宗教を信じている人たちの間でも、強力な性格がさまざまな仕方で存在していることを明らかにしていただきたいのです。しかし私はここではっきりと言いたいのですが、実は私自身は自然的宗教の中にそのような人を一度も見たことがありません。ですからみなさんが、みなさんの宗教を信じる者に対して、自らの独自な感情によって、自らを宗教的に形成する自由をより多く与えられているのだと主張するのだとしても、この自由とは（この言葉はしばしばこのように用いられるのですが）、要するに教育を受けないで放置されているということ、つまりただ何かが存在し、それが見たり感じたりするという強制から自由であることしか意味していないのではないのでしょうか。（二六一頁）

ここでは、自然宗教がいいと言っている教養人たちに対しても「ノー」を突きつけている。その二重性ですね。

佐藤――最初の引用で「また誰かが、この実定的宗教に加わりさえすれば」と言っていますが、この「誰か」っておそらく彼自身のことですね。

深井――そうかもしれないですね。

佐藤――シュライアマハーが加われば、「別の意味での特殊なひとつの個となり得るだけではなく、自ずとそのように個体へと変化して行くのです」というのですから、彼の自負が伝わってきます。

深井――それからもうひとつ第五講話について述べておきたいことは、シュライアマハーのような神学から近代の宗教学が生まれたという見方がしばしばなされるのですが、私はそれは違うと思っているのです。今の視点からすればそのように言うことができるのかもしれませんが、シュライアマハーはきわめて神学的です。ここで諸宗教と言っている場合でも、彼が具体的に諸宗教を調べ、比較しているわけではないのです。念のために。

バルトはシュライアマハーをどう評価したか

宇宙の特定の意識が現れ出る瞬間に、ひとつの独特な宗教的生活が始まるのです。（二五七頁）

みなさんの自由意思、本性、あるいは何かそれに先立つものから説明しようとしても、みなさんの構想力がまったく役に立たないものであるということを思い起こすでしょう。（二五八頁）

佐藤――ふたつめの引用にある「自由意思、本性、あるいは何らかの先立つもの」というのは、宗教的アプリオリみたいな考えかたではない、と言いたいのでしょう。ということは、強力にカントを意識しているのかなと感じます。それから「宇宙の特定の意識が現れ出る瞬間に、ひとつの独特な宗教的生活が始まるのです」というのは直観のことでしょうが、きわめてバルト的というか啓示的です。外部性ですね。

深井——そうなんです。第一講話、第二講話だけを読んでこの本を閉じる人は、宇宙の直観とか感情というところだけを見て、宗教的ア・プリオリのようなものを言っているんだなと理解し、啓示を強調するバルトと対立すると考えてしまう。そうではない。宗教の本質は、神の側からの啓示しかない。啓示があるから、それに対する直観がある。だから直観は多様性を持つ。そういう論理になっている。結局、この第五講話まで読まなければ、この本を読んだことにはならないのです。

佐藤——でも日本で気づいている人は少ない。『宗教について』の翻訳はたくさん出ているのに、直観と感情のところに引っ張られて、第二講話よりあとはちゃんと読まないか、読んだとしても文字面を追うだけで、よく考えないで読んでるのでしょう。

深井——シュライアマハーはさらにこう言っています。

宗教的な人格もそうです。これは完結した全体なのであり、これを理解するためには、みなさんがその最初の啓示を探さなければならないのです。(二

五九頁）

私は、自然の神秘性に接する場合と同じくらい敬虔な思いをもって、彼らを観察し、そして大変困難ですが調査しています。その際私がいつも考えることは、みなさんが、全能の神は、神自らがその住まいとして選んだ人間の魂の一部、すなわち神が直接的な働きによって自らを啓示し、自らを明示している部分を、神独自の方法で、そこをもっとも高貴な聖なる場所として構築し、それを人間の内に形成し、創造された他の全ての人間の部分と区別していることに注意してくだされば、また神がもっとも高貴な聖なる場所で、尽きることのない形式を通して、神自身の豊かさを輝かせているということに、もし注意を払ってくだされば、そのことを通しておそらくみなさんは宗教へと導かれるのではないだろうか、ということです。（二九五頁）

このあたりは神の啓示する主体性が重要だと言っている。それがあっての直観なのです。

佐藤――シュライアマハーを全否定するかたちでバルトがはじまったという俗流

理解はもう維持できませんから、通俗的な神学書の書きかたを変えてもらわなくてはいけません。

このあいだバルトの『十九世紀のプロテスタント神学』を読みなおしてみたのですが、深井先生のおっしゃったことに留意して読むと、シュライアマハーとバルトは連続性のほうが高いですね。ただ連続性があるのは自明ということで、バルトはあまり言及せず、差異のほうを強調するために、差異のほうが大きく見えてしまう。しかしシュライアマハーが啓示を解消してしまったというのは、完全な誤読ですよ。

深井——シュライアマハーも啓示神学なのです。バルトも啓示神学。しかしバルトは、啓示は神の自己啓示だけれども、啓示を受容し理解する受信機まで神が与えているというのが彼の考えです。受信できなかったら啓示にならない。バルトもそのことは言っているので、シュライアマハーと同じ構造になっている。しかしバルトは「啓示する神と自由」と言うことで、神学的に言えば神の主権を強調し、哲学的にいえば近代における人間の自立という意識を逆転させたのです。

佐藤——たしかにそうですね。

深井——当初バルトは自分の神学、つまり自分が発見した「啓示する神」の特殊性を前面に押しだしました。そのとき、自分の考えと一番対照的なのはシュライアマハーの直観だと思ったのは事実だと思います。しかしその後バルトは、シュライアマハーをよく読んでみて、だんだんそうでないことに気づきはじめた。

佐藤――軌道修正してるのですね。

深井――そうです。だからシュライアマハーの説教はとてもいいとか、いろんなことを言いはじめる。

佐藤――前にも述べましたが、「シュライアマハー・アウスヴァール」(Schleiermacher-Auswahl, Siebenstern Taschenbuch Verlag, 1968) にバルトが書いたあとがき「シュライエルマッハーと私」[42]は、晩年のものですが、シュライアマハーに肯定的でした。

深井――自分の弟子たちが、そういうシュライアマハーと私の関係をつくってしまったようだといって逃げていますが、本人が言わなかったら、弟子たちがつくるはずがない。

それに、彼があの文章のなかで何回も言っているのは、シュライアマハーを読まないで批判するなということです。シュライアマハーほどの人のものを読まないで、イメージで批判するな。それは彼がつくりあげてしまったシュライアマハ

【42】**「シュライエルマッハーと私」** ユルゲン・ファングマイアー『神学者カール・バルト』(加藤常昭・蘇光正訳、日本キリスト教団出版局)に所収。

ー像がひろまってしまったことへの反省なのだろうと思います。実際問題として、シュライアマハーは直観の神学者とはいえない。

佐藤――一九三〇年くらいまでは、シュライアマハー研究自体そんなに高い水準ではないので、仕方のない部分もあるでしょう。ディルタイの『若きシュライアマハー』くらいですが、あれも神学からのアプローチではありませんし。

深井――それから、バルトを重んじる人たちは、シュライアマハーは教会の神学者ではなかったと言いたがる傾向があります。教会不要論だと言うのです。

たしかに『宗教について』の時期のシュライアマハーは、直観のところだけを読めば教会不要論です。というのも直観が何を否定しているかといえば教会制度です。だから「実定宗教としての教会はダメだ」と言っているように解釈できる。

晩年のシュライアマハーはもちろん教会重視になりますが、しかしこの(『宗教について』の)時期のシュライアマハーも、よく読めば、実定宗教がトータルにダメであり必要ないと言っているのではなく、実定宗教の正しいかたちが必要だと言っているわけで、だから教会概念は必要だと言っているのです。

佐藤――「おまえたちがやっている教会はろくでもない」という話ですからね。

深井――考えてみれば、バルトの『ローマ書講解』のときの教会批判もそうなのです。『ローマ書講解』では、教会が（悪い形態としての）宗教であり、それは真の教会ではないという批判です。裏がえしていえば、本当の教会があるなら教会は必要だという議論ですから、『ローマ書講解』と『宗教について』は構造が似ていて、既存の教会批判という点では同じなのです。

だから興味深いことに、バルトが登場したときもシュライアマハーが登場したときも、既存の教会から批判されました。彼らに対する批判も同じ言葉でした。「あれは神秘主義だ」というのです。これは栄誉ある褒め言葉というべきで、神秘主義者とは教会を無視して神とつながる人のこと。でも、ふたりとも実は本当のあるべき教会を考えていた。そこが重要で、単純に「バルトとシュライアマハーは対立する」みたいな議論だけではダメなのです。

実践神学の重要性

深井——バルトを読み、シュライアマハーも読むという佐藤先生の姿勢は、日本ではめずらしいものだと思うのですが。

佐藤——それは偶然の産物です。私が個人的にバルトを読みたいと思っていたのと同時に、同志社にはバルトを読まないという雰囲気があって、シュライアマハーの『神学通論』を教科書として使って組織神学の講義をやっていた。まあ、尋常なめぐりあわせではないですけれど。

深井――佐藤先生以前に、バルトとシュライアマハーという組みあわせにきちんととり組んだのは、加藤常昭先生だと思います。バルティアンで、日本ではじめて学としての実践神学を確立した先生ですが、実践神学をやっているからこそシュライアマハーが重要だと気づいた。

佐藤――最近同志社の教師陣と話をしていて思うのですが、やはり鍵は実践神学なんですね。同志社の神学部で、例の一神教センターを設立するのでイスラムやユダヤ教の専門家を連れてくるという話になったとき、キリスト教側が唯一対抗して認めさせたのが、実践神学の独立講座の設立でした。それまで同志社には実践神学の講座がなかったのです。でも、それは悪いことではなかった。実践神学と組織神学が一緒だったからです。

私の時代、同志社大学神学部では、組織神学に来る人は一般就職する学生が多かったんですよ。聖書神学でギリシア語を勉強するのもいやだし、歴史神学でラテン語を勉強するのもいやだけれど、一般就職するまでモラトリアムで、大学院までいようかという人が組織神学に来る。一方、実践神学の人はまじめに教会に行くことを考えている。昔は（当時の）文部省の認可が得られないリスクがあるとか、総合大学にはなじまないというので、実践神学の講座を立てられなかったのですが、いまから考えれば、実践神学と組織神学が一緒の器にいると、組織も実践に触れるし、実践も組織に触れられるので、いいところもあった。加藤先生のように実践神学の側から見ていくのは重要なことなんですね。

深井――私が加藤先生の授業を聞いたとき、加藤先生はすでにシュライアマハーの『神学通論』を訳していましたが、品切れになっていて買えないので、教科書にはしていませんでした。でも実践神学を考えるときにシュライアマハーは重要だといつも言っていました。

加藤先生は、実践神学概論という授業をとても大切にしておられて、講義ノートをもとにして教科書をつくりたいと言っていたと記憶しています。実践神学概論で教えていた内容はまさに『神学通論』だったのです。学生は、実践神学概論というから実践神学の具体的なこと――たとえば、どうやってお葬式するのかとか――を期待するのですが、違うのです。それはやらないと言っていた。実践神学とは何かという論理、実践神学的な思考を教えると言っていた。実践神学的なパースペクティヴという言葉を使っておられた。バルトをやっている人のイメージとはだいぶ違うな、とみんな思うのですが、でも先生は、「バルトだってそうじゃなかった」と言うのですね。

佐藤――加藤さんとすごく似たアプローチをしてる神学者を知っています。カレル大学神学部――私が知ったころは、まだ社会主義体制のコメンスキー神学大学――のヨゼフ・スモリーク【43】という実践神学の主任教授です。非常に優れた神学者です。ユニオン神学校で勉強したから、アメリカ系の神学もよく知っている。

昔、日本YMCA同盟出版部から『第四の人間と福音』（一九七三年）という本が邦訳されていました。私は直接存じあげませんが、（聖書学研究所の仕事をしていた）新見宏さんという人が翻訳者で、交通事故で亡くなった彼の少ない訳書のうちのひとつです。

これは説教という観点から現代神学をどう見るかという本で、神の言葉の神学・バルトからはじまって、ボンヘッファーやティリヒ、ロビンソン【44】などを扱っているのですが、チェコ語のオリジナルを手に入れたらタイトルが全然違う。原題は『現代における福音解釈についての試論』というのです。実践神学の基本教科書というか、実践神学の総論《アインライトゥンク》（Einleitung）なんです。この本で加藤さん

【43】ヨゼフ・スモリーク　一九二二―二〇〇九。チェコのイチーン生まれ。ニューヨークのユニオン神学校に学び、チェコ兄弟団福音教会パルドゥビチェ教会で牧師に任命される。一九五〇年に、プラハの当時のフス神学大学で、実践神学の教師資格を認定され、准教授資格を得る。一九六六年に当時のコメンスキー福音主義神学大学で教授資格と専任教員の地位を獲得し、一九九七年まで務める（一九八九年一一月にチェコスロバキアが社会主義体制から離脱したのち、コメンスキー福音主義神学大学はカレル大学プロテスタント神学部に再編された）。

【44】ロビンソン　ジョン・アーサー・トマス・ロビンソン。一九一九―一九八三。イギリス国教会ウーリッジ主教・新約聖書学者。ケンブリッジ大学トリニティ・カレッジで教鞭を執る。ティリヒの影響を受け、神の内在性を強調した実存主義的な神学を展開。著書に『からだの神学』（邦訳、山形孝夫訳、日本基督教団出版部）、『神への誠実』（邦訳、小田垣雅也訳、日本キリスト教団出版局）など。

はスモリークに似ていると思いました。

歴史的視点と社会的視点

なぜなら人類に画一性を求めることほど非宗教的なことはないはずですし、宗教に画一性を求めることほど非キリスト教的なことはないからです。
さまざまな方法で宇宙は直観され、そして崇拝されねばならないのです。ですから宗教には数え切れないほどの形態が可能となるのです。（二九六頁）

佐藤――この箇所は多元性と寛容の原理としていいですね。宇宙を直観する、あるいは啓示を受けとめるとき、いろんな受けとめかたがあり、数えきれないほどの形態がある。そのことを学理的完成者・神学者として認識していなければならない。画一性を求めたらいけない。多様性のなかの一致です。

深井――エルンスト・トレルチ【45】は、神は一なのですが、人間の有限な現実のなかでの神の認識というのは、多様性を持たざるをえないと言っています。そして、彼のイギリス（のオックスフォード）講演（の草稿）【46】では、そのなかで感じ、そ

【45】エルンスト・トレルチ　一八六五―一九二三。ドイツの神学者・社会批評家。ゲッティンゲン大学、ボン大学、ハイデルベルク大学、ベルリン大学の教授を歴任。ハイデルベルク時代はマックス・ウェーバーの同僚であるだけでなく、同じ建物に住んでいて、活発に意見を交換した。第一次大戦後のワイマール共和国では、プロイセン州の政務次官、エーベルト大統領の参事官として国家再建に尽力。著書に『ルネサンスと宗教改革』（邦訳、岩波文庫）、『信仰論』（邦訳、教文館）など多数。『トレルチ著作集』（全一〇巻、ヨルダン社）がある。

【46】イギリス（のオックスフォード）講演（の草稿）　「世界宗教におけるキリスト教の位置」（深井智朗訳。『春秋』二〇一六年六―一〇月号に所収）。

のなかで持たなければいけないのが、愛の力だというのです。神を思う心、そのなかで、ただひとつの神を思う心が、愛の力です、とも言っています。

つまり有限の世界のなかでは、人間は宗教の多元性という現実を認めざるをえない。しかしそれでも人間は、他方でひとつの神を求めるものである。それを認めあうのが愛の力だ。それは共存を可能にする――うまく思いだせませんが、大よそそんなことを言っているのです。シュライアマハーに似ていると思います。

佐藤――たしかにそうですね。シュライアマハー、リッチェル、トレルチ、それからバルト。これらの円環をどうつないでいくかは、とても重要な課題ですね。

深井――どうもわれわれは、バルトおよびその後の世代と、その前の世代を対立させて考えがちですが、バルトは、シュライアマハー、リッチュル、ヘルマン[47]、トレルチから学んで神学を構築しているので、本当はその関連性を理解しないといけない。教科書は単純に断絶として扱ってしまう。ヘルマンとバルトの関係について語る人もいますが、きちんと研究しているとは言いがたい。

佐藤――あるいは井上（良雄）[48]さんのように、ブルームハルト親子[49]とバルトの連続性を主張する人もいます。

ただ私も授業では便宜的に、バルトとそれ以前の神学の断絶を強調したりする

【47】ヘルマン　ヴィルヘルム・ヘルマン。一八四六―一九二二。ドイツのリッチュル学派の神学者。マールブルク大学の教授を務め、カール・バルトやルドルフ・ブルトマンの師となった。リッチュル以上に神学の倫理化を進め、歴史的キリストとは、史的イエスでも聖書そのままのキリストでもなく、内的な生に働きかけ救済の体験を与えるものとした。著作に『倫理学』など。

【48】井上良雄　一九〇七―二〇〇三。文芸評論家・神学者。京都帝国大学文学部独文科卒業。大学在学中から評論活動を開始。共産主義に傾倒していたが、一九四五年に受洗。東京神学大学の講師、教授を務める。著書に『神の国の証人ブルームハルト親子』（新教出版社）、翻訳にカール・バルト『啓示・教会・神学』（新教出版社）などがある。

【49】ブルームハルト親子　ヨハン・クリストフ・ブルームハルト（一八〇五―一八八〇）とその息子クリストフ・フリードリヒ・ブルームハルト（一八四二―一九一九）のこと。ともにドイツのルター派

ことあります。これはいわば歴史主義的な見方なのですね。第一次世界大戦のインパクトをどう見積もるか。あのわけのわからないオーストリア皇太子夫妻暗殺事件【50】が、なぜあんな大戦争になってしまったのか。どうして科学技術が大量破壊と大量殺戮の手段になってしまったのか。バルトはその衝撃を強く受けとめた。いや、本当のところどのくらい受けとめたかは誰にもわからないのですが、事後的にそう解釈して、そこに断絶を認めるのです。

深井――社会史的な見方ともいえるでしょうか。

佐藤――そう思います。しかも第一次世界大戦のあとにはナチス・ドイツの台頭があった。バルトの（ヒトラーへの忠誠の）宣誓拒否は、どの程度のものだったのか。これも吟味しないといけない。特に、（女性秘書シャルロッテ・）キルシュバウム【51】の果たした役割について、いま実証的な研究がいろいろと出てきている最中です。キルシュバウムの歴史観・社会観を無視して、バルトの教会闘争はおそらくなかった。そんなこんなを含めて、一般の社会史的に見られてるバルトは、実像から相当乖離している。

　ボンヘッファーも一緒です。ボンヘッファーの抵抗運動の神学的な裏づけはどういうものだったのか。抵抗権から出ているのか。その手法は肯定的に評価でき

神学者・牧師。父は悪魔祓いや癒しのわざで名を馳せ、息子も優れた説教師であり、その終末論的信仰や再臨のキリストへの希望は、著作や思索よりも実践においてキリスト教界に大きな影響を与えた。

【50】オーストリア皇太子夫妻暗殺事件　サラエボ事件。一九一四年にオーストリア＝ハンガリー帝国皇太子フランツ・フェルディナンドとその妻ゾフィーが、セルビア民族主義者に銃で暗殺された事件。銃を提供したのがセルビア政府と発覚すると、オーストリアは過酷な要求を突きつけ、セルビアがすべての要求を飲めなかったために開戦。これが当時のヨーロッパの複雑な同盟関係や防衛プランを機械仕掛けのように動かし、ヨーロッパ諸国を巻きこんだ世界大戦に発展していった。

【51】シャルロッテ・キルシュバウム　一八九九―一九七五。看護師をしていた一九二四年、ゲッティンゲン大学でカール・バルトと出会い、秘書兼助手としてバルトの講義などを手伝う。一九二九年にミュンスターのバルトの家へ移り住み、一九六六年までバルトの

るものだったのか。彼がとり戻そうとしたドイツ社会はプロイセン的なドイツだったのではないか。いろんな疑問があるにもかかわらず、日本のボンヘッファー研究ではこれまで封印されている。

深井――それはありますね。彼の抵抗の原理は神学的ではない。彼はルター派ですから、神学的論理の帰結ではああはならない。彼には彼なりの抵抗原理があったはずです。

彼が理想として描いていた彼の家系のプロイセン的伝統は、活動の大きな力になっていたと思います。そういう視点から見ると、ヒトラーはゆるせなかった。

佐藤――ヒトラーは下品ですし、ナチスも所詮バイエルンの田舎者たちの運動じゃないか、という感じでしょうか。プロイセン的な伝統を簒奪されたと思ったかもしれません。

私の学生時代には、社会問題に関心のある神学生は、みんな一生懸命ボンヘッファーを読んだわけですが、フロマートカをはじめチェコの神学者はボンヘッファーに対してすごく冷ややかです。

ハタと気づいたのは、戦後のドイツでボンヘッファーを扱っている人々は――西ドイツだけでなく東ドイツの人も含めて――要するに自己弁護したいだけだ、

妻や子供たちと暮らしながら、バルトの秘書兼助手として研究と生活をともにした。一九六〇年代に体調を崩して老人ホームへ転居し、そこで死去。バルトの『教会教義学』などに大きな影響を与えたとされる。著書に『キリスト教的女性観（真の女性 *Die wirkliche Frau*）』（邦訳、新教出版社）がある。バルトとキルシュバウムの関係については、『カール・バルトの愛と神学』（新教出版社）というＤＶＤに詳しい。

【52】シュトゥットガルト戦責告白 一九四五年、戦後二〇の領邦教会で結成されたドイツ福音主義教会が発表した罪責宣言。みずからの罪責を自覚し、ナチスの暴力的支配に対して十分勇敢でなかったことを告白し謝罪する内容。

ドイツの戦争告白にはさらに、一九四七年にバルトやイヴァントが起草し、福音主義教会の兄弟協議会が発表した「ダルムシュタット宣言」もあり、これは和解を前提に、過去に民族主義を称賛し、軍事力に頼り、絶対的独裁への発展を許容し歓迎したことの誤りを告白し、よきドイツ建設の責任を自覚するというもの。

とフロマートカは思っていたのではないか。彼としては「われわれはナチスと命懸けで戦ったんだ。おまえら（ドイツの神学者と牧師）は、何をやってたんだ」と言いたかったのではないか。ボンヘッファーが処刑されたことについても、「処刑なんかうち（チェコ）じゃ日常的だぞ。ボンヘッファーの死を美化するな」。だからフロマートカは、シュトゥットガルトの戦責告白【52】について批判的です。ドイツの自己正当化の動きのひとつくらいに思っていたに違いない。

これは日本と韓国のギャップとすごく似ていると思います。たとえば、日本基督教団の戦責告白【53】なんて、韓国のプロテスタント教会は歯牙にもかけない。そういう文化的文脈に明確に気づくには時間がかかります。

シュライアマハーを読みなおす意義

佐藤――深井先生の『宗教について』の翻訳も火つけ役になっていると思いますが、いまシュライアマハーが読みなおされてる意義は特にどこだと思いますか。

深井――ひとつには、神学の境界線を外部に向けてひろげているということ、内部に向けては、いまの教会のありかたを修正することに貢献していることではな

【53】日本基督教団の戦責告白
一九六七年の復活主日に日本基督教団総会議長であった鈴木正久牧師が発表したもの。正式名称は「第二次大戦下における日本基督教団の責任についての告白」。政府の戦争協力の要請にしたがって教会合同を行い教団が誕生し、戦争を是認し、支持し、勝利のために祈り努めることを声明したなど、教団が罪を犯したとして、神、および隣人、世界各国、アジア諸国、日本の同胞に懺悔し、赦しを求めるもの。（日本基督教団公式サイトを参照）

いでしょうか。現実や学問を細分化するのではなく総体として見ることができる。それが神学だと考えているところが魅力的です。私の見方からすると、バルト的なキリスト教会観は、わかりやすいですが、かなり特殊なものです。シュライアマハーは、広い意味で世界を論じるだけの言葉を持っているので、いろいろ学ぶことができるし、自由に越境する力、領域を越境する力を持っています。

佐藤――私は、シュライアマハーに対する読みなおしが行われて、多方面にインパクトを与えているひとつの理由は、東西冷戦の終結にあるのではないかと思います。東西冷戦における現代社会の危機は、直接的には第二次世界大戦の結果で、さらにいえば第一次世界大戦にまでさかのぼる。でも、もはやその枠組みでは解決できなくなったので、もっと昔に戻らなければならなくなった。

国際政治とのアナロジーですが、国際政治の問題が国連の枠組みで解決できなくなったら、ベルサイユ体制[54]まで戻って考える。そこでも解決できなかったら、ウェストファリア体制[55]まで戻ってみる。もしかしたら実は、さらに昔にさかのぼらないと、現在の問題は解決できないかもしれない。だから啓蒙主義の克服という問題をもう一度考えないと、現在の人類の危機を解決できないという問題意識があるように感じます。

【54】**ベルサイユ体制**　第一次世界大戦後、一九一九年のベルサイユ条約を中心に創出された欧州の秩序。ソビエトを排除し、イギリス・フランスの意向が強く、ドイツに過酷であり、しかも平和維持の要である国際連盟にはアメリカが不参加などきわめて不安定で、大恐慌以降、一気に崩壊に向かった。

【55】**ウェストファリア体制**　一六四八年、三十年戦争の講和条約であるウェストファリア条約によって創出された国際秩序。神聖ローマ帝国とカトリック教会の権威・権力が弱体化し、領邦の主権が確立、パワーバランスによる近代の国際秩序のはじまりとなった。

【56】**ドナルド・トランプ**　一九四六―。アメリカ合衆国第四五代大統領。ニューヨークの不動産王として知られるが、数度の破産も経験している。NBCのリアリティショー「アプレンティス」の司会も務め、大人気を博した。二〇一六年の大統領選で、当選が絶対確実視されていた民主党のヒラリー・クリントン候補を破って大統領に就任。キャッチフレーズは

だから、もう一回「直観」「感情」と言いだした。そこを追体験する必要が出はじめているのではないかと思うのです。

ドナルド・トランプ【56】が大統領になって、THAAD《サード》【57】のような高高度ミサイル防衛システムを韓国や日本に設置しようとしています。でも、そうすると、ロシアは多弾頭型の弾道ミサイルの開発を進めるでしょう。通常のミサイル防衛システムは普通、単弾頭の弾道ミサイルを想定しているわけです。しかし現在すでに、多弾頭弾道ミサイルというものがあって、大気圏内に再突入したら、パカッと蓋が外れて、弾頭が四つも五つも出てくるわけです。一一個出てくるものまである。

深井――そう考えると、THAADでは落とせないですね。

佐藤――無理です。だから、私はSDI【58】とかミサイル防衛構想【59】、あるいはTHAADというのは、基本的に実現しないし機能しないと思っている。要するに、アメリカの産業政策なのです。

ただ、それでもミサイル防衛といった、いわば盾が強くなってしまうと、攻撃側、つまり矛も強くしなければならない。そこでミサイルの多弾頭化になる。（そうすると、防衛側のミサイルも多弾頭化とか散開システムとか何か考えるでしょうから、）ものすごい軍拡競争を招く可能性があるわけです。偶発核戦争を起

「アメリカ・ファースト」。

【57】**THAAD** 終末高高度防衛ミサイルのこと。パトリオット・ミサイルなどより射程が長く、弾道ミサイルを成層圏より上で、大気圏に再突入する前に迎撃するために開発された。

【58】**SDI** Strategic Defense Initiative の略。戦略防衛構想。スターウォーズ計画ともいわれる。冷戦時代の一九八〇年代にアメリカのレーガン政権が発表。ソ連の軍事的脅威に対して、ソ連の核ミサイルを到達前に迎撃し無力化するというもの。迎撃ミサイルだけでなく、レーザーや粒子ビーム、レールガン（電磁加速砲）なども想定するSFめいた壮大な構想だった。

【59】**ミサイル防衛構想** SDI以降、地域大国のイラクやイランの弾道ミサイルも問題になると、クリントン政権の戦域ミサイル防衛（TMD）など、地域防衛のための構想が打ちだされ、さらに北朝鮮の核の脅威などもあいまって、アメリカ本土防衛も統合し、ミサイル防衛構想にまとめられた。軍

こす可能性がますます高まる。

話が少し横道にそれましたが、人間の自己絶対化がこうした危機を生みだしているとしたら、どうやって相対化してやるかが課題です。カール・バルトは「神の言葉」という、いわば外部からの介入によって相対化が可能と考えたけれども、それでは無理なのではないか。そうなったとき、より根源的に近代の問題を扱わなければならず、であれば、やはりシュライアマハーに立ち返らなければならなくなるのではないか。

たとえばエリ・ケドゥーリーは、シュライアマハーを近代神学の父であると同時にナショナリズムの父と考えています。彼は近代の入り口に立っている。人間の内面で「直観」を受けとめ、内面で展開していくなかで、人間の相対化を可能にするすべがあるのではないか。それが僕の最近の作業仮説なのです。

逆に、現在起きている事象を分析するときも、たとえば、トランプの心のなかは、重大な問題になってきます。彼が宇宙をどのように直観しているのかは、人類の生死に関わる。そしてシュライアマハーには明らかにそこに斬りこんでいく要素がある。だから『宗教について』はきわめて重要で現代的な書物だと思う。

あとは、われわれの腕で、シュライアマハーをどうやって現実につなげるか。


事衛星やXバンドレーダーなどによる探知・哨戒、航空機、イージス・システム、THAADやパトリオットを使いわけての迎撃など総合的な構想。

われわれ神学をやっている人間の特徴は、他の学問で使うと忌避反応を示されるアナロジーとメタファーを使えるということです。だから、いかにアナロジカルに読むか。あるいは隠喩でいいと割り切って、シュライアマハーを読むかということになる。このあたりの腕になってくる。

私は外交官だったせいなのか、このテキストはリアルに感じるんですよ。

さまざまな方法で宇宙は直観され、そして崇拝されねばならないのです。ですから宗教には数え切れないほどの形態になるのです。（二九六頁）

さまざまな方法で世界は直観され、そして尊敬されなくてはならない。だから国家の考えかたにも数えきれないほどの形態がある——そんなふうにアナロジカルに読んでもいい。であれば、特定の価値観によって世界を支配すること、人類に画一性を求めることは、非宗教的であり、ありえないことになる。だから世界に画一性を求めてはいけない。そういった原理の鋳型が、シュライアマハーの思考のなかにあると思う。

深井——それはシュライアマハーの新しい読みかたともいえますが、シュライアマハーのみならず神学的テクストは、本来そういうふうに読まれることが可能なのかもしれません。

佐藤――深井先生はこの本の翻訳に多大な時間やエネルギーをかけていらっしゃる。経済学でいう機会費用を考えると、この仕事をしなければ、他の仕事ができた。では、なぜシュライアマハーの翻訳を選んだかといえば、神学者にとってシュライアマハーが重要だからですよね。

深井――そのとおりです。

佐藤――せっかく翻訳があるのだから、がんばってシュライアマハーの神学を伝えていかなくてはならない。学生たちにもそれだけの基礎力をつけてもらおうと思っています。

「歴史的」とは何か

「歴史的」ということについてお訊きしたいと思います。

宗教的な人間というのは徹底的に歴史的なのです。(二七一頁)

またあらゆる個人の宗教的な発展は、歴史的に見れば、いつでもこのような瞬間から始まっているのです。(同)

このあたりを読むと、シュライアマハーがバルトと対立しないというさきほどのお話がわかるような気がします。シュライアマハーは実践を軽視しておらず、むしろ重視していたということが読みとれるというのでよいでしょうか。

佐藤――そう受けとめていいと思います。では、「歴史的」に対立するものは何でしょうか。

「歴史的」の反対でしたら、精神力とか実物のほうでしょうか。

佐藤――そういう考えもあるかもしれないが、「歴史的」に対立するものは「法則的」だと思います。

「因果」とかですか。

佐藤――「因果関係」もそうです。要するに、「法則化できるもの」「法則定立的なもの」ですね。つまり歴史の特徴は個性記述なのです。実験も可能ではない。一回しか起きない。それに対して科学の実験は、同じ条件下でくりかえし実験することができる。でもそれは、さっき言った「時間」の要素を無視しているということです。本当は、時間が違えば条件が違うはずだけど、そこを捨象すれば、同じことがくりかえされるので、法則定立ができる。一方、歴史は個性記述しかない。事象が一回きりしか起こらないからです。当然、実験もできない。それでは、個性記述はどこで確立するかといえば、頭で抽象化していくしかない。こういう文脈になっている。

もちろんこれは時代的にはちょっと無理な解釈です。というのも、いま言ったのは、新カント派【60】の解釈だからで、シュライアマハーの時代よりあとの人たちの後知恵で見ると、そうなるということにすぎない。とはいえ、歴史的な見方は、反復して規則的に起きるというかたちでは説明できないという点が重要です。

自然宗教とは何か

シュライアマハーは自然的宗教について次のように述べています。

> また自然主義的宗教というのは元来、それ自体では存在しないものだということ、あえて言うなら自然的宗教とは漠然としたもので、取るに足らない、憐れむべき概念に過ぎず、それを実定的宗教と似たものであると主張することはできないのだ……　（二四一頁）

【60】**新カント派**　一九世紀後半にはじまるカント批判哲学の復興運動。「カントへ帰れ」（リープマン）をスローガンに、ヘーゲル的な形而上学やロマン主義にも、自然主義や唯物論にも抗し、科学的認識の基礎を考究。とりわけ西南ドイツ学派のリッケルト（一八六三―一九三六）らは、自然科学が事象の反復的・一般的法則を見いだすものであるに対し、歴史科学は、文化的価値に照らして、事象の一回的・個別的特性をとらえるものとした。

リッケルト

「自然的宗教というのは元来、それ自体では存在しない」とは、どういうことなのでしょうか。道徳とか哲学になってしまっているということでしょうか。

深井——シュライアマハーのいう自然的宗教は、それ自体としては、歴史的形態として存在しないのです。頭のなかの理想としてあったり、道徳律や形而上学に還元されたかたちで存在したりはするのですが、たとえば、自然宗教の宗教団体はありえない。なぜなら、もし自然宗教が具体的な形態をとれば、その瞬間に、それは実定的宗教になるからです。

一方、さっきヘーゲルの『精神現象学』を持ちだしましたが、ヘーゲルのいう自然宗教は具体的にありうることになります。たとえば、古代の動物を神として崇拝するような宗教は、ヘーゲルのいう意味では自然宗教です。具体的なかたちがある。それが、たとえばスフィンクス崇拝のようになると、芸術的宗教になる。シュライアマハーとヘーゲルで用語の使いかたが違うのです。

佐藤——そこは同一律批判にもなっていますね。「犬は毛むくじゃらである。鈴木宗男はロシアの犬である。ゆえに、鈴木宗男は毛むくじゃらである」という三段論法は成立しません。どこに問題があるかというと、「犬」という言葉が、同一（同名同義）になっていないわけ。「犬」は、ある種の四本足の動物を意味するが、「手先」という意味もある。同じ言葉が違う意味を持っている（同名異義）。それと同じで、自然宗教といっても意味が違う。だからイコールでつなげない。

自然宗教については、ヘーゲル的に考えることもできるかもしれない。何かが「ある」ということを考えるとき、この「ある」は、「ある」そのものではない。何かが「いまここにある」ということだよね。だから、ただの「ザイン（Sein）」ではなくて「ダー（da）」がついて、「ダーザイン（Dasein）」になる。日本語だと「定在」とか「定有」と訳される。一方、「有」自体は何かという話になれば、それは「有」のなかに「無」も含んでいる、いわば「有」が生まれる前の概念だから、われわれにはわからない。

その「有」をひっくりかえして、「無」をベースにすると、西田哲学になる。というのも、そこにあるのは「有」というより、「有」と「無」が分節化する前の何かですから、「有」といおうが、「無」といおうが、一緒なのです。「根源無」とか「根源有」ともいうけれど、それは具体的に見えるものではない。それが自然的宗教。それが具体的に現れると、目の前にあるから「ダー（da）」がついて

「ダーザイン（Dasein）」。

それが道徳というかたちで現れても、教会の宗教として現れても、国教会の宗教として現れても、仏教として、あるいは、自由教会として現れても、すべて「ダーザイン（Dasein）」であって、「ダーザイン（Dasein）」以外のかたちでは、われわれは見ることができない。そういう説明もできるかもしれない。

深井——法学関係の人だったら、実定法と自然法の違いを考えればいいかもしれません。実定法は現に制定され、具体的に人々を規制している社会の規則。自然法は見えるものではなく、理性なり魂なりといった人間の本性、あるいは神のもとに理念としてある掟ないし法則のようなものです。

佐藤——もっといえば、プラトンでしょう。リアリズム（実念論）、あるいはイデア論です。目には見えないけれども、確実なものがあるという考えかたです。深井さんに指摘されて、ハッとしたことだけれど、シュライアマハーはプラトンを訳していますから。

実践神学と政治参加

さきほどシュライアマハーと実践神学の話がありました。それは実定的宗教ないし現実の教会を改善し、さらには政治参加なども視野に入れているように感じたのですが、日本のように政治と宗教が分離している場合は、シュライアマハーを読んだとしても、現実に適用するのはむずかしいと感じます。

佐藤――それは違うと思います。神学的な言葉というものは、アナロジカルな読みかたができるようになったら、どんな現象も説明できるのです。もちろん根っこがない話だったらダメですけどね。

たとえば、いまの政治に適用してみるとしたら、自然宗教の危険性は、日本においては神道というかたちで存在します。神道的な感覚が自然宗教というかたちのままで存在しているうちはいいのですが、これが実定的になると、国家神道になってしまう。「日本臣民の慣習だから信じろ、従え」ということになる。

例の森友学園問題【61】で、学園の元理事長である籠池泰典という人はこういう趣旨

【61】**森友学園問題** 大阪市の森友学園が小学校を建設するにあたり、財務省が国有地を不当に安く売却したのではないかという疑惑。過去に埋設されたゴミの撤去費用が低価格の理由だったが、それを考慮しても不当に安い価格だと会計検査院も指摘した。安倍首相の夫人が同小学校の名誉校長であったりしたため、首相サイドからの働きかけ、ないし官僚が首相の意向を忖度した、などの疑惑が持ちあがった。同学園の当時の理事長が籠池泰典氏で、経営する幼稚園の園児に教育勅語を唱えさせるなど独特な教育方針をとっている。

のことを言った。「私がやろうとしている神道教育は、神道は宗教ではないという教育なんだ」。これは大問題ですよ。憲法にも反するし、宗教法人法も教育基本法もぜんぶ違反する。しかし争点になっていない。なぜか。

それは誰も問題と思っていないからです。裏返していうと、もう一回「神道は日本人の慣習だ」と主張されるようになった場合、この国と国民の大多数には、それを受け入れる土壌があるということです。そうならないように多元性を担保しておかなければいけない。こういう点で、シュライアマハーから学ぶところは大いにある。彼は国教会のメンバーではありますが、自由教会をぜんぶつぶせと言ったわけではありません。バランス感覚がたいへん優れているのです。

われわれはハイブリットにならなければならない。ひとつは神学を知ること、もうひとつは現実を知ることです。神学というのはクジラのようなもので、利用できない部分は何もない。皮でもひれでも何でも利用できるのです。

あとがき

国際文化会館で『宗教について』をテクストに「シュライアマハーを読む会」がはじまったのは、二〇一七年四月二五日だった。当初、出版社は佐藤優先生と宗教改革五〇〇年を記念する対談を計画していたのだが、打ち合わせにあらわれた佐藤先生は、シュライアマハーの『宗教について』を対談形式で読みすすめることを提案された。さらに、二人だけで話していると議論が詳細になりすぎる可能性があるので、大学の学部生に参加してもらい、参加者を意識することで、話を理解しやすいものにするということもその時に決まった。質疑応答が付されている章があるのは、その時々の参加者からの質問に答えたものである。

シュライアマハーは神学者であったが、宗派内部の教義論争に明け暮れ、神学部での聖職者養成にのみ人生を費やしていたわけではない。彼は神学の専門家であったが、神学を使って考え、神学を武器に世界を読み解き、政策を立案し、現実を説明してみせた。彼は教会の牧師として多くの人々の心をとらえる説教をし、神学部の教授として将来の聖職者たちのために情熱的な講義をし、アカデミーの会員として大学の哲学部でも教え、サロンの花形で、多くの読者をもった作家でもあり、友情の天才であったのだ。そのようなシュライアマハーの姿を少しでも紹介できればと対談の間ずっと考えていた。そして対談を続けながら、佐藤先生の仕事ぶりと重なる部分があるとひそかに感じてもいた。

この対談で試みたことは、『宗教について』の新しい、厳密なコメンタリーを作るということではなかったと思う。むしろシュライアマハーの神学的な思考の奥深さ、彼の時代感覚、彼の世界を見る目から学ぶことで、一見、私たちの生きている世界とはまったくかけ離れたことを論じているかに思える『宗教について』を使って、現代の諸問題を読み解く視点を獲得しようとしたのだ。毎回、二〇〇年以上も前に書かれたテクストと向き合っていたのだが、私たちの視点は過去にではなく、現在と将来に向けられ、岐路に立つ現代社会の諸問題と対峙していたのだと対談を終えた今は思っている。

若き日のシュライアマハーは、彼の時代の硬直化した教会制度や神学を批判し、それに挑戦した。本書でも今日の神学や教会について考え、論じている部分があるが、そのような話をしている時、神学的に考えること、神学を使って考えることが教会制度を健やかにし、さらには世界を読み解く重要なツールであるとますます思えるようになった。

多忙で一〇分刻みの予定が入っている佐藤先生と、こんなにも多くの時間をいただき語り合えたことに感謝したい。また自由に語り合ったことを整理し、まとめ、読者のための註を用意してくれたのは、春秋社の編集部長・小林公二氏である。対談が一冊の書物としてまとめられるためには練達の編集者が背後にいたことを記しておかねばならない。深い感謝とともに。

二〇一八年一二月一〇日

深井智朗

＊脚註は基本的に編集部が付し、項目によって対談者の御助言をいただいたが、文責は編集部にある。参考文献・引用文献は個々の註に適宜示したが、その他の参考文献、全体にわたって参照した文献の主なものを以下に記す（順不同）。

『聖書』（新共同訳）、日本聖書協会。
『聖書』（口語訳）、日本聖書協会。
『旧約聖書』Ⅰ〜ⅩⅤ、岩波書店。
『新約聖書』Ⅰ〜Ⅴ、岩波書店。
『キリスト教大事典』教文館。
『キリスト教人名辞典』日本キリスト教団出版局。
『キリスト教組織神学事典』（増補版）、東京神学大学神学会編、教文館。
『現代教義学総説』（新版）、H・G・ペールマン、新教出版社。
『キリスト教神学入門』A・E・マクグラス、教文館。
『キリスト教史』藤代泰三、講談社学術文庫。
『中世キリスト教の歴史』出村彰、日本キリスト教団出版局。
『宗教改革著作集』教文館。
『近代の神学』佐藤敏夫、新教出版社。
『ドイツ敬虔主義』J・ヴァルマン、日本キリスト教団出版局。
『神についていかに語りうるか』W・シュスラー、教文館。
『なんでもわかるキリスト教大事典』八木谷涼子、朝日文庫。
『哲学事典』平凡社。
『コンサイス外国人名辞典』三省堂。
『物語チェコの歴史』薩摩秀登、中公新書。

なお、対談者の著書も適宜参照させていただいた。

深井智朗 *Tomoaki Fukai*

神学者・東洋英和女学院院長・同大学人間科学部教授。一九六四年生まれ。アウクスブルク大学哲学・社会学部博士課程修了、哲学博士（アウクスブルク大学）、博士（文学）（京都大学）。著書に『十九世紀のドイツ・プロテスタンティズム――ヴィルヘルム帝政期における神学の社会的機能についての研究』（教文館）、『ヴァイマールの聖なる政治的精神――ドイツ・ナショナリズムとプロテスタンティズム』（岩波書店）、『パウル・ティリヒ――「多く赦された者」の神学』（岩波現代全書）、『プロテスタンティズム――宗教改革から現代政治まで』（中公新書。読売・吉野作造賞受賞）、『聖書の情景』（春秋社）など多数。

佐藤　優 *Masaru Sato*

作家・元外務省主任分析官・同志社大学神学部客員教授。一九六〇年生まれ。同志社大学大学院神学研究科修了後、外務省入省。在英日本国大使館、ロシア連邦日本国大使館勤務を経て、外務本省国際情報局分析第一課で活躍。二〇〇二年、背任と偽計業務妨害容疑で逮捕され、二〇〇九年、最高裁で有罪が確定し失職。二〇一三年、執行猶予期間が満了し、刑の言い渡しが効力を失った。二〇〇五年、『国家の罠』（新潮社）で毎日出版文化賞特別賞を受賞。著書は『自壊する帝国』（新潮社。大宅壮一ノンフィクション賞）、『神学部とは何か』（新教出版社）、『同志社大学神学部』（光文社新書）、『神学の思考』『神学の技法』（ともに平凡社）ほか多数。

近代神学の誕生

シュライアマハー『宗教について』を読む

二〇一九年一月二五日　第一刷発行

著者――佐藤　優

著者――深井智朗

発行者――澤畑吉和

発行所――株式会社　春秋社

〒一〇一―〇〇二一　東京都千代田区外神田二―一八―六

電話〇三―三二五五―九六一一　振替〇〇一八〇―六―二四八六一

http://www.shunjusha.co.jp/

印刷・製本――萩原印刷　株式会社

装丁――芦澤泰偉

ISBN978-4-393-32376-2

Printed in Japan, Shunjusha

定価はカバー等に表示してあります